中東の大国・現代イランの実力

洗練された現代建築のショッピングセンター
（テヘラン市内）

日本人を魅了する

路地を覆うカラフルな傘はエキゾチック感が満点だ

バザールの日常は昔のイランのままのような感じ

街のビル壁には芸術的な絵画が描かれているものが多い

1602年に完成。イスファハーンのザーヤンデ川に架かるスィー・オ・セ橋

イランの幹線道路に架かる歩道橋

近未来的な雰囲気の老人や障害者用に優しい歩道橋のエスカレーター

これもペルシア猫？　テヘランの街は猫が多い

歴史と現代の混沌が

「世界の半分がある」といわれたイマーム広場にある「イマーム・モスク」

イランの紙幣。肖像画はイラン革命の指導者ルーホッラー・ホメイニ師

イランの人は明るい。カメラを向けるとすぐポーズをとってくれる

400年前には世界の半分がここにあるといわれたイマーム広場

屈託のない笑顔の子どもたち

テヘラン市内の絨毯博物館には“世界の至宝”ペルシア絨毯が所蔵されている

テヘラン大学構内にあるフェルドゥスィー(934–1025年)像。イランの民族叙事詩「王書」を完成させた

食と文化 ――変わらないもの、変わるもの

料理は見た目も重要。載っているのは柿

市場にはカラフルな果物も並ぶ

テヘラン市内ではおしゃれなカフェも増えている

イランでは映画の人気が高く、世界からもその作品は注目されている

イランの伝統料理「チェローケバブ」。イランの主食はナンと米

若い人にはファストフードの人気も高い

ショッピングセンターにはさまざまなパンが並ぶ

はじめに

人類に大いなる文明をもたらしてきたイラン。

子どものころより詩を吟じ、王書(11世紀初頭に完成したイラン建国の民族叙事詩)に親しみ、街中を絵画で彩る文化の香り高きイラン。

四季を愛し、自然と親しみ、季節の花々が街を潤すイラン。

それら花々や木々で美しく整備された公園が至る所にあって、街の喧騒からの避難所となり、皆で可愛がる野良猫たちの憩いの場となっているイラン。

凶悪犯罪が少なく、夜間でも女性の一人歩きが出来るイラン。

市場は季節ごとの果物や野菜で溢れ、手の込んだ伝統料理を囲み、お喋り好きで、客人のおもてなしに熱心で、親切という美徳を誇りとするイラン人。

自他の子どもを問わず宝物のように愛で、老人を崇敬し労わるイラン人。

そして特筆すべきは、古来日本と深い繋がりのあるイラン……なのだが。

イランというと日本人は、

「テロと紛争とデモばかりで治安は大丈夫か？」
「砂漠と岩山ばっかりで、四季も無く、食べ物も貧しいんじゃない？」
「厳格なイスラムの国だから、色々と制約があって息苦しいんじゃない？」
という反応をするのが相場です。新聞やテレビで出てくるニュースはそうしたものばかりなので、こうしたイメージができあがってしまっているのは仕方のないことかもしれません。

しかし、本当のイランは、西アジアの大国で生活水準も文化レベルも高く、都市インフラも西洋諸国と比べて遜色ありません。そういう国でありながら、イラン庶民と直接触れ合う日本のB to C企業が現地に全く進出していないこともあって真のイランの姿が伝わっていません。

一方、イランには親日家が多く、日本製品に対する信頼度が高い。こんな認識のギャップがあるのはとてももったいない話です。

そこで、多くの日本人にとってほとんど未知の異国ともいってよいイランでのビジネス進出について、是非とも皆さんに知ってもらいたいと思い筆を執ったのがこの本なのです。

どの国でも光と影があります。イランも同様ですが、影の部分はニュースとなり、光の部分がほとんど知らされていないことも多くあります。

本書ではむしろ、この光の部分にだけ焦点を当てて書いていくことにしたいと思います。

現代のイランの本当の姿の一端でも、わかっていただければと思っています。

髙木 謙次

バザラス◎もくじ

期待される日本の役割 …… 62

Special Edition

カバーデザイン
アクトレス視覚提案仕掛人集団　山梨榮利子

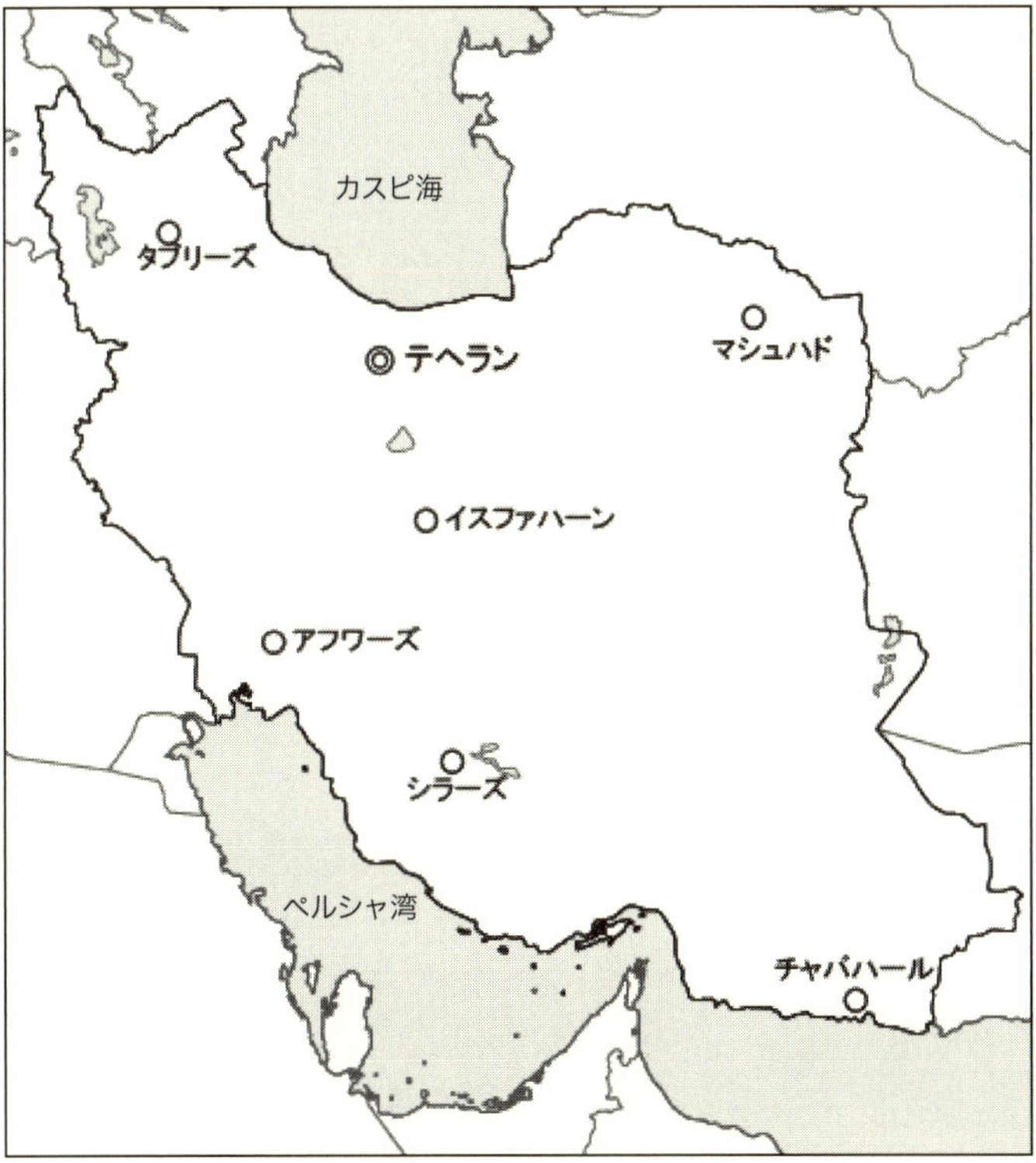
カスピ海
タブリーズ
テヘラン
マシュハド
イスファハーン
アフワーズ
シラーズ
ペルシャ湾
チャバハール

第1章
遙かなるイラン

イランとの出会い――30年の思いを超えて

■世界放浪のなかで出会った繊細で美しい音

私は九州・宮崎県の青島町で生まれ育ちました。子どもの頃は、隣県を外国のように思っていたほどの〝ド田舎者〟でした。

当時は勉強もせず、バスケットボールと山学校に明け暮れていた中学時代。強く印象に残っていたのが地理で習った世界最大の湖カスピ海です。なぜなら、そのころ執心だった初恋の人の名前に似ていたからです。そのカスピ海の南側はイランに属しています。

その後、大学に進学して考古学者である江上波夫氏の『騎馬民族国家』を特集した松岡正剛氏編集の雑誌『遊』を読み、そのなかに日本に渡来した騎馬民族のルーツは、カスピ海沿岸の遊牧民スキタイなのではないかとありました。ここで大人になっても蒙古斑が青々と残る私の血が騒いだのです。

1979年2月、私が大学に入ってまもなくイランで革命が起きました。アメリカの傀儡と化したパーレビ国王の反イスラム的専制に対して、フランスに亡命していたイスラム法学者ホメイニ師を指導者とする民衆運動が政権をひっくり返し、皇帝を国外に追放して世界初のイスラム革命を成就させたのです。そのときのニュースはいまも鮮明に覚えていますが、当時は深く追跡することはしませんでした。

その後、大学を2年でドロップアウトし、アジアからヨーロッパ、カリブと2年間放浪し、途中で旅行資金を得るためにフランス・パリでアルバイトをしていたとき、ポンピドゥー界隈を散歩しているとどこからともなく、えもいわれぬ美しい旋律が耳に入ってきました。

音の出所を探り出すと、地べたに座った少年が四角い琴のような楽器をあぐらに組んだ足の上に乗せ、両手に摘まんだ細い棒で弦を叩いていました。そこから奏でられる繊細で美しい音たちは、ふわふわと天上に向けて浮き上がっているように見えたのです。いったいその楽器は何か、調べてみるとイランの「サントゥール」という打弦楽器でした。

2年間の放浪生活を終えて帰国後、イランへの思いが募りイランの伝統音楽レコードを収集して聞きまくり、ペルシア語の学校にも1年間だけ通いました。

1980年代当時はパルコ・カルチャー全盛時代。パルコ主催でこれまで日本に紹介されてこなかったマイナーな国々のアーティストたちが来日公演を行っていました。イランやトルコ、インドなどからもアーティストが来日。西アジアの映画が上映され、イランやトルコに残るイスラム神秘主義スーフィーの旋回舞踏団も来日しました。これらを聞いたり観たりしながら、イランへの憧れはますます膨らんでいったのです。

また、イスラムを含む東洋哲学の世界的権威である井筒俊彦氏やその愛弟子の五十嵐一氏の著作に触れ、イランに対する知的好奇心も同時に膨らんでいきました。

しかし、31歳で結婚をしフリーター生活からサラリーマン生活となり、仕事の中心はイランではなく中国を主としたアジア各国との貿易業務を専門にするようになると、イランとの距離はますます離れ、1年間学んだペルシア語もほとんど脳内から消えていったのです。

一緒にペルシア語を学んだ学友は、その後、毎年イランはもちろんのこと、中央アジアや西アジアの国々を旅し、ペルシア語のみならずトルコ語、アルメニア語なども使いこなすようになり、50歳を過ぎてついにイラン美人を射止めて結婚しました。

在日イラン人が多数集まるウェディング・パーティでは、私は友人代表挨拶をし、以来多くの在日イラン人たちと友人になりました。そんな学友を羨ましく思いながらもイランを訪問することなく、仕事やプライベートで多くの国々を訪れながら、心の奥底には必ず最後はイランに行くとの強い思いが沈殿していたのです。イランに憧れて30年、ある事をきっかけとしてついにイラン訪問が実現することになりました。

■ペルシアとイラン

私はこの本を書くにあたって、あえて「ペルシア」を使わず「イラン」という国名で統一しています。日本では、イランのことを「ペルシア」と呼ぶことが人口に膾炙していますが、紀元前にイランの首都として栄えていた現ファールス地方の古名

「Parsa」を当時のギリシャが「ペルシス」と呼びはじめ、西洋全体で「ペルシア」と呼ばれるようになり、アジアにも広がったのです。

イラン政府が国名を正式にペルシアからイランへ国号改称変更するよう諸外国に要請したのは1935年。日本政府にも要請されて応諾しました。79年のイスラム革命以降の正式国名は、「イラン・イスラム共和国」で、通称でイランと呼ばれています。

それでも日本ではイランというより、ペルシアと言った方がロマンを感じる人が多いでしょう。

現在のイランでは、ペルシアという国名は死語に等しく全く聞きません。元来、ペルシアは海外がイランを呼ぶときの国名なのでイラン人には外来語なのですから。また、イラン人の話すイラン語はかつて繁栄した地域に因んでファルシーと言いペルシア語とは言いません。

イランとは、アーリア人という意味です。言語学的にはインド・ヨーロッパ語族に属しています。アラブ民族はセム系の語族に属するとされるので、イラン人とアラブ人は民族的に異なります。

しかも、イラン人の築いた古代文明は世界に影響を与えるほど高度でしたし、7世紀にはイスラム帝国に支配されたので、その負い目からかアラブとは違うという強いプライドがあります。

イラン人は理工系にとっても秀でています。記憶力も凄いです。数学界のノーベル賞と呼ばれるフィールズ賞を女性で初めて受賞したのはイラン女性のマリアム・ミルザハニです。彼女は、高校時代に国際数学オリンピックで2度も金メダルを獲得しています。惜しくも彼女は17年40歳の若さで癌のために亡くなりました。

日本の複数の大企業がイランの理工系大学生に奨学金を与えて日本に留学させ、将来的に自社の社員として雇用する動きもあるようです。

Column
イランを知る①

イスラム教のモスク

イランではモスクは「マスジェド」といいます。人の住むところには大小のマスジェドがいたるところに必ずあります。

7世紀にイスラム帝国による支配を受けて、イランではイスラム教が国教になりますが、それ以前はゾロアスター教（拝火教）でした。

そうした背景があって、イランには3つの暦があります。

1つ目は春分を新年とするイラン太陽暦で、この暦に基づいた各種の風習や祭りはゾロアスター教に由来するものが多く、近年はイスラム革命の反動からかゾロアスターに関する祭りや行事がますます盛んになってきたと聞きます。

また、国内の公式行事もこの暦で執り行われます。

2つ目は、7世紀以降に導入されたイスラム暦で「ヒジュラ太陰暦」といわれる暦です。この暦は、主にイスラムの宗教行事に使用されます。

そして3つ目は海外とのやり取りで使う西暦です。イランのカレンダーにはこれら3つの暦が併記されます。

イスラム教は一神教で、ユダヤ教、キリスト教の神とは名称は異なれど同一の神です。預言者マホメットによってイスラム教が誕生しますが、マホメットの死後、その後継者を巡って紛争し、選出された実力者をカリフ（後継者）と呼んで承認したのがスンニ派（正統派）、マホメットの血統をひく後継者をイマーム（教主）と呼んで擁立し、スンニ派から分かれたのがシーア派（分派）です。

教義は一緒で、後継者に対する考え方が違うだけなので、世間でいわれるようなシーア派とスンニ派の対立というのは別の要因の方が大きいと考えられます。

元来、イスラム教徒は異教徒に対しても寛容だからです。

イランは、シーア派に属します。世界のイスラム教徒は、約18億人といわれていますが、シーア派はその内の15％で圧倒的に少数派です。ということは、イランが世界最大のシーア派国家といえます。

われわれ日本人からすると一神教は理解し難く、特にイスラム教は最も縁無き宗教でしょう。

私はテヘランの南郊外にある大きなマスジェドを訪問し、中に入ったことがあります。

その内部はキリスト教や神社仏閣などとは比較にならないほどに厳粛かつ荘厳な

雰囲気で、人々を圧倒する力に満ちています。イスラム教は偶像崇拝を厳禁しているので、マスジェドの外側は植物や幾何学模様のタイル・アラベスクで装飾されており、中はガラスの幾何学・アラベスクで天井も壁も覆われています。アッラー（神）によって四方八方から見つめられている弱い存在である人間としての自分を強烈に意識させられるような内部構造なのです。

ある者はひざまずき、ある者は壁にもたれかかり、ある者は涙を流し、ある者は手にしたコーランを朗誦し、ある者は一心不乱にアッラーに願いを訴えています。

モスク内ではガラスの反射、美しさに圧倒される

何者も侵しがたい聖域がマスジェドなのです。これほど純粋で敬虔な信徒を持つイスラム教は、怠惰な生活を送る多くの日本人やキリスト教徒に比べて人間的に崇高さをもたらす宗教と感じました。

悠久の歴史で繋がる日本とイラン

■正倉院に所蔵される宝物

私は、ＩＴの発達した現代より古代の方が国際的だったたと考えています。

ＩＴによるグローバリゼーションは、欧米スタンダードの蔓衍化であり、皮相な情報だけが行き来しているだけの国際化と思います。そんな現代情報ツールのない古代においては、交流や流通に時間はかかれども、人と物の交流が濃密にあったたと思います。

６世紀から９世紀の中国隋唐時代、日本は飛鳥・奈良・平安時代。政治家・官僚・僧侶・学生・医師・技術者等が日本から隋唐の都である長安に派遣され先進の文化や制度を学んだとされています。この当時の長安は世界最大の国際都市で、ローマ人、アラブ人、イラン人、インド人等が交易や政治、学問、建築技術、芸能交流等の為に定住していたのです。歴史的には中国よりもローマやメソポタミアに属するイランの方が高度な文明文化を有していたのですから、中国はそれらの地域から多くの物事を学び、長安で過ごした遣隋・遣唐使たちも同じように学んだに違いないと思います。

一方、ユーラシア大陸には陸のシルクロードと海のシルクロードとがありますが、海のシルクロードも陸に劣らず人や物や技術の交流経路として重要です。

古代から天文学は進んでいたので、方位は正確に測れたと思いますから、西域からインド、東南アジア、中国、日本と沿海航行すれば想像以上に容易に移動できたでしょう。日本で最初に本格的な都が置かれたのは奈良ですが、当時は大阪平野の奥まで海と川が混じる河内地帯で、大陸から九州に来た船は瀬戸内海を抜け大和川を遡上して奈良の都に入ってきたといいます。

つまり、当時の奈良は内陸港ともいうべき内航船、外航船の物流拠点であり、日本国内のみならず隣国の中国・朝鮮、遠くは海のシルクロードを通って西アジアの人々や文物も運んできたからこそ都としての地位を築けたのだと思います。

国際色豊かな天平文化といわれる所以の証拠に、日本最古の博物館である奈良正倉院にはイランをはじめ数多くの西アジア由来の美術工芸品が収蔵されています。中でもイランで作られたガラス器「白瑠璃碗」は、6世紀ササン朝の王立工房で製作されたものと考えられ、王侯からの下賜品だったそうです。しかも、現地やその周辺地域で見つけられた「白瑠璃碗」は、遺跡から発掘されたものがほとんどで、長年土に埋まっていた為にガラスが濁っていたり破片だけだったりで、日本の正倉院のものが一番完璧に美しい状態で残っているそうです。

さらに、日本書紀や続日本紀には、イラン人来日についての記述があります。

当時イランは波斯（ハシ）と呼ばれていました。またササン朝時代はいまのアフガニスタンも支配下に治めており、その地方は吐火羅（トカラ）と呼ばれ、吐火羅人の来日も記されています。その記述内容からすると、来日一行のなかにササン朝最後の王ヤズデギルド三世の王女が含まれていたのではないかとの説があります。

それはこの当時、ムハンマドを始祖とする新興イスラム帝国が急速に勢力を拡大し、６５１年ついにササン朝を滅ぼします。この戦争で多くの王侯貴族たちが東方に逃れたそうですから、その一部が日本にまで辿り着いたと関連付けられているのです。

だとすれば、イランで作られたガラス器「白瑠璃碗」は、日本に辿り着いた王女が天皇に献上した品であるかもしれません。

当時ササン朝は世界に冠たる文明国でしたから、献上品だけでなくさまざまな学問・宗教・技術・芸術などを日本に伝えた可能性があります。またササン朝の国教はゾロアスター教ですから、ゾロアスターの宗教儀礼やそれに基づくイランの風習も日本にもたらされたのでしょう。

詳細は控えますが、ご先祖を送り迎えする火を使ったお盆の行事、閻魔大王、東大寺の通称「お水取り」、修験や密教の護摩法などはイランの影響を受けているとの指摘もされています。仏教はインドで生まれ中国や朝鮮を通じて日本に伝わってきましたが、仏教に付随してヒンズーの神々やイランの神々も菩薩や如来として伝来し、日本の仏教として定着していったのでしょう。

■日本に残されるイランの影響

日本の伝統工芸品もイランの影響を受けているものが多くあります。唐草模様等多くの文様はイランをルーツとするものが多いですし、熱伝導率を驚異的に高める銅鍋の鎚金《ついきん》（凹凸）、箱根の寄木細工などもそうです。

加えて、平安中期に書かれた日本最古の長編物語である『宇津保物語』は、遣唐使である清原俊蔭が渡唐の途中で難破し波斯国（イラン）に漂着。波斯国で琴の秘儀を伝授された俊蔭が、23年の歳月を経て日本に戻ってくる話からはじまる物語です。また、かぐや姫が求婚した5人の公達たちそれぞれに持って来るようにいった1つに「火鼠の皮衣」がありますが、これは火に燃えない鉱物性繊維質の石綿で、イランの特産品であったといわれています。ある研究者は、かぐや姫のモデルが当時日本に滞在していたイランの王女ではないかと推論されています。

音楽についていえば、イランは古代より音楽が盛んで、さまざまな楽器が作られています。それらが東西に伝播し、その地域の風土に見合った仕様に変化して、日本では琴、琵琶、三味線などに、西洋ではギター、ヴァイオリン、ピアノ等に変化していったと私は考えています。

イランと日本の古い繋がりは、いまでも盛んに研究されていますので、今後ますます新たな発見が期待されます。意外に私たちの周りにはイラン由来の物事が身近にあふれているのです。

Column イランを知る②

イラン人の個人主義と裁量主義

2015年、日本貿易振興機構（ジェトロ）アジア経済研究所の岩﨑葉子氏が『個人主義大国イラン』（平凡社新書）という本を出されました。イラン商人気質を知るためのものとして、示唆に富んだ本でした。

この本によれば、イラン人は個人主義が強く、チームワークが苦手という性向があるそうです。つまり、個々人が主体でないと納得も満足もいかない国民性だと。だから組織的決定などという概念がなく、あくまでそのポストにある個人的決定であり、公的なポストにある人も同様だといいます。

そのせいかイランでは個人事業主が多いのです。一国一城の主でいるのがイラン人の気質に合っているので、事業拡大のために合弁や合併等で好条件の話があっても相手にせずオーナー事業に徹するそうです。それはたとえ勤め人でも、意識はフリーランスという徹底ぶりです。

イランの銀行に行くと窓口の行員はマイペースを崩さないといいます。日本人から見ると、一見、やる気ないように見えます。自分のブースでスマホをいじったりお茶を飲んだり……。しかし、自分の友人や利害関係者が窓口に立つと一変してテキパキと仕事をこなすようです。


こんなこともありました。テヘランから東京に戻る日、急いで国際空港に向かっていたところ、途中にある道路使用料金徴収所に誰もいません。運転している友人に聞くと、

「お茶の時間なんだよ。ラッキーだったね！」

という答え。日本では考えられないことです。

日本人は組織に属し、組織に従い、組織の一員であることに安心感を持ちます。

一方、イラン人にはチーム意識がなく、日本人はチーム意識が異常に強いともいえます。イラン人は主体性優先で、日本人はチームワーク優先なんですね。

また、テヘランに住む日本女性から聞いた話では、5歳と7歳の男の子を持つ彼女が外出すると、大モテにモテるそうです。なぜならイラン人は子どもが大好き。お菓子屋に行けばタダでお菓子が貰えるし、バザールで迷子になれば皆で探してくれる。

ある日、公園の露店でソフトクリームを買ったとき、下の5歳の子どもが転んで買ったばかりのソフトクリームを地面に落とすと、すかさず若い男の店員が新しいソフトクリームを作って子どもにくれたそうです。そういう裁量が店員でもあるということです。

また、子どもたちを連れて日本に帰ると、公共プールに入るにはスイミング・キャップを必ず着用しなければなりません。5歳の子どもは帽子を被るのが嫌で泣いてしまってプールに入らないので、監視員に事情を話しても「ルールですから」の一点張り。イランでは「私が見ているから大丈夫ですよ〜」との対応だったといいます。さらに日本の空港からイランに戻るときに利用した航空会社では、搭乗ゲートに入る順番で子連れが優先されるのですが、年齢制限を1歳でも超えていると大人扱いの順番。

これがイランだと「早く乗りなさいね～」となる。飛行機内でも荷物を運んでくれる人、座席の上のラックに手荷物を入れてくれる人、テヘランに到着すると、カートを押してくれる人、ゲートを出ても色々と手伝ってくれる人、子ども連れだとイラン人はとっても親切にしてくれるのです。

ビジネスにおいても、営業で相手の会社を訪問するも、けんもほろろ状態だった相手のボスが、お互いの子どもの話題になると態度が豹変し、商談成立なんてこともあるといいます。

組織にしばられ、ルールとマニュアル以外の行動が取れない日本人とは異なり、自分の裁量で主体性を持って行動するイラン人。両方の国民性をうまくミックスすれば最強のビジネス・パートナーとなれるでしょう。

第２章
変貌を遂げるイラン最前線

ついに踏んだテヘランの地

■イランに骨を埋める覚悟で

いまから5年前、経営していた会社が破産し、私も自己破産しました。経営者になって15年目のことでした。中国、韓国、モンゴル、タイ、ベトナム、スリランカから酒類と食品を主に輸入卸販売する会社でした。私の未熟な経営手腕と不徳とがもたらした結果でした。

実は、この会社で終着点である日本を起点に陸のシルクロードと海のシルクロードを遡ってアジア全域の酒を開発輸入販売するのが夢でした。それは人類の歴史とともに酒は生まれ、さまざまなストーリーを内に秘めながら日本まで辿り着いたのが日本の酒であり、文化の香りを楽しみながら酒を味わっていただきたいとの思いからでした。私が海外との貿易という仕事に従事して25年目のことでした。

会社と自己の破産をした年、私は55歳。多くの債権者にご迷惑をおかけし、必ず再起して借りを返さねばという思いと、これから事業を起こすとなると人生最後の事業になるとの思いが交錯していました。しかし、重苦しい精神状態のなかで一筋の光明が射してきました。

その光明は、長年憧れてきたイランと日本を結ぶ事業をはじめようとの思いでした。だんだんとその思いが膨らんで、イランに行く決心をしました。イランに骨を埋めてもよいという覚悟を抱いて。

これまでに行ったイスラム圏といえば、新婚旅行で1か月間旅した西アフリカのマリとセネガル、ワインを仕入れに行った中国の新疆ウィグル、クコの実を仕入れに行った中国寧夏回族《ねいかかいぞく》自治区くらいでした。イスラムの本場である西アジアに足を踏み入れるのははじめてのことでした。

まずは、前述した友人の奥さんであるイラン人のレイラと一緒に在日イラン大使館に行き観光ビザを取得。宿泊はテヘランにある彼女の実家にお世話になることにしました。

日本からイランへの直行便はなく、ＵＡＥのドバイやカタールのドーハでイラン行きに乗り換えて行くのが便利で、トランジットがスムーズならば約15時間でイランの首都・テヘランに到着します。

テヘランのエマーム・ホメイニ国際空港に到着すると、空港にはレイラの2人いる弟の兄になるムハンマドがガールフレンドと一緒に迎えに来てくれました。ガールフレンドは25歳くらいで小柄な美人。ファッションはとってもカジュアルで、洒落たヒジャブ（スカーフ）を申し訳程度に頭半分に着けているだけ。

ムハンマドの車のなかでは、ペルシア語のラップがガンガンかかっていました。

「あれれ？　イメージが違うじゃん！（笑）　神聖なイスラム教徒の国じゃなかったの？」というのが最初のイランに到着したときの印象でした。


空港からテヘラン市内中心部までは高速道路を使って1時間半ほど。空港を出てから30分ほどは周囲には何もない空き地が続くが、市街地が近づくと風景は一変します。高層アパート（マンション）が建ち並び、環状高速道路が幾重にもめぐらされ、縦横の幹線道路も充実しています。テヘランは完全なモータリゼーションで成り立っている都市なのです。とはいえ、都市圏人口1300万人余りを抱えるテヘランは、従来の都市インフラが急速なモータリゼーションに追いつかず、常に渋滞が起きています。

レイラの実家は、テヘランの西側に位置し、広めの２ＬＤＫに両親と上の弟ムハンマドと3人暮らし。下の弟アミは、テヘラン郊外の大学生で寮生活を送っています。

レイラの両親とは、来日されたときに会っているので、お互いに再会を喜びました。レイラの弟2人は、日本に来たことはありませんが、レイラの家で写真やビデオで見知っていました。

空港に迎えに来た上の弟ムハンマドが英語で私に問いました。

「ミスター・タカギ、テヘランの印象は？」

「う〜ん、まだ到着したばかりだからよくわからないけど、巨大な田舎町って感じかなぁ」

と答えると、ムハンマドは納得のいかない顔をしました。そして、日を追うごとに自分の答えを反省する羽目になるのでした。

■思い知らされたイランのすごさ

イランは日本より長い歴史を誇り、また農業が盛んな肥沃な大地を持つ国ですから、自然と料理の種類も多く、手の込んだ料理が伝統的に好まれています。

私自身は私の家やレイラの家で交互にイラン人や日本の友人たちを招いてホームパーティを開いたり、都内のイランレストランでパーティを開催したりしていたこともあって、イラン料理には親しんでいました。特にレイラの作るイラン料理は絶品で、都内のイランレストランのシェフも食べに来るほどの腕前です。そのレイラを育てたお母さんの料理ですから、まずいはずがありません。テーブルには毎日、さまざまなイラン料理が並び、舌鼓を打っていました。

私の新規事業の趣旨は、イランと日本の国民同士を結ぶ文化交流ビジネスであり、まずは日本の伝統工芸に基づいた手作りの現代日用品をイランで販売することだったので、マーケティングを兼ねてイランの日用品売り場に案内してもらいました。

ムハンマドの車で近隣のショッピングセンターに行くと、そこはモダンな洒落たビルで、低層階には、ヨーロッパのスポーツブランドや地元ブランドのアパレル・ショップ、雑貨品店、子ども用品店などのテナントが入っていました。子ども用品店にはキティ・グッズも売っていました。本物かどうかは不明ですが。上層階はヨーロッパの高級ブランドがずらり。そして貴金属店。その上層階にはシネコンがあります。

ミドルクラスが住む地域にある
ショッピングセンター

イラン人は映画が大好きです。イラン映画は海外でも高く評価されていますが、政治的な作品はイラン国内では上映禁止です。中層階は子ども好きなイランらしくゲームや遊具のあるアミューズメント・フロアになっていました。地階は食品や日用雑貨のフロアで、「イランってアメリカとその同盟国に経済制裁を受けてるんじゃなかったっけ？　なんでこんなに商品が溢れてるの？」というくらいに豊かな商品群でした。この地域は中流階級の住むエリアに当たります。

テヘランは、標高1200メートルのイラン高原に位置し、北側には4000メートル級のアルボルズ山脈が走っています。四季は日本と同じで、冬には雪が降り北の山脈の冠雪は半年間ほどテヘラン市内から見ることができます。スキー場もあって冬はスキーやスノーボード客で賑わっています。

市内は、北に向かって登り坂になっており、北に行くほど富裕層の住む地域になります。その地域にあるショッピングセンターは前述したショッピングセンターより高級感があり、客層の身だしなみからも富裕層とわかります。

イランを訪れて数日が過ぎた夜、ムハンマドが車で夕食に出かけようといいました。イランの夕食は8時頃からが普通です。ケバブ（豚以外の串焼肉）料理の美味い店での夕食を終え、家族と私を乗せたムハンマドの車はどんどん北部を目指します。そして山道に入り急坂を上り詰めるとアルボルズ山脈の入り口であるダルバンドに到着しました。夜10時を過ぎているというのに人はあふれ、山道沿いにずらりと並んだ高級レストランの明かりが不夜城の如く煌々と辺りを照らしています。

山道に沿って流れている小川では、川に板を渡してその上に絨毯を敷き、料理を食べている団体やカップルが何組もいます。それが1キロほど続くのです。まるでアラビアンナイトのような世界で度肝を抜かれました。

テヘランに到着した初日に、ムハンマドが私にテヘランの印象を聞いて「巨大な田舎」と答えたらムッとした時のムハンマドの気持ちがこのときにわかったのです。先進的なショッピングセンターと山のなかにずらりと並んだ高級レストラン。どうだ！　テヘランは田舎じゃないぞ！　お洒落な都会なんだ！　といわんばかりのドヤ顔のムハンマドが隣を歩いていました。イラン人は誇り高き民族なのです。

もちろん、テヘランでは観光もしました。このときの私はペルシア語ができなかったのですが、ペルシア語しか喋ることのできないお父さんと言葉を交わすことなく2人で手を繫ぎながら、世界一の規模を誇るバザール、世界遺産のゴレスターン宮殿、

18世紀に建てられたゴレスターン宮殿は世界遺産になっている

テヘラン大学正門前で卒業式に沸く学生たち

イラン考古博物館等を見学しました。途中ペルシア語しか話せないお母さんとこれまた言葉を交わすことなく世界遺産であるイランの古都イスファハンへと1泊旅行をし、行きたかったテヘラン大学も訪問しました。

5泊6日のテヘラン初訪問は驚きと感動の連続で、長い歴史に裏打ちされた文化レベルの高さと現代的な都市生活は、訪問前のイランに対する想像をはるかに超えたものであり、イランに対する認識を一変させる体験でありました。

Column
イランを知る③

カスピ海沿岸に立ち並ぶ高級別荘

２回目のイラン訪問時、友人であるレイラに紹介されたアリさんにお世話になりました。

アリさんは、１９９０年代から15年ほど日本に滞在し、さまざまな職業を経て、苦労を重ねた挙句に建築工事の現場監督を務めるまでに出世し、日本で稼いだお金でイランの不動産を買って成功した富裕層に属するイラン人です。

アリさんは、カスピ海沿岸に別荘を持っており、そこに私を案内してくれることになりました。アリさんの運転する車でテヘランを朝早く出て、カスピ海に抜ける３本の幹線道路の一番西側にある道路をカスピ海に向けて北上します。

カスピ海に出るには、４０００メートル級の山々が重なるアルボルズ山脈を越えなければなりません。

車は、果樹や小川や草花に囲まれた道路に入って少しずつ坂道を登り出します。だんだんと視界が広がり、急峻な山々が一望出来るようになります。そのときは5月間近という時期だったのですが、標高の高い山々は雪に覆われています。雪化粧した真っ白な山肌と突き抜けるようなペルシアン・ブルーの空。そのような景色が延々と続きます。

森林限界を越え、地球が生まれた時そのままのような岩山が道路に迫ります。時々トンネルに入りますが、手掘りのようなトンネルで雪解け水がボタボタ落ちてくるので、トンネル内はワイパーが必要なくらいです。

峠のピークを過ぎて下り坂に入ると少しずつ緑が増えてきます。テヘラン側の緑と比べると濃くて瑞々しい緑色です。雨の極端に少ないイランにあって、カスピ海側は雨量が多く湿気もあって植物の生態系が豊かなのです。

休憩やランチをとりながら、約7時間かかってカスピ海沿岸の都市ラシュトに到着しました。

いよいよ中学時代に初恋の人の名前に絡んで覚えたカスピ海とご対面です。車を停めて浜辺に出ると、その名の通り海です。日本の国土面積より少し大きめの湖だから当たり前です。しかも、塩湖で波も押し寄せてくるから海そのものなのです。

ここから見るカスピ海は、右にトルクメニスタン、カザフスタン、左にアゼルバイジャン、ロシアに囲まれています。悠久の歴史とさまざまな民族の攻防、騎馬民族たちの栄枯盛衰を記憶しているようなカスピ海に対峙し感無量となりました。

ラシュトを中心にして、カスピ海沿岸を東西に延びる幹線道路の山側は高級別荘が10キロ以上にわたってずらりと並んでいます。

しかも日本ではお目にかかることが出来ないような高級別荘です。

海側にはビーチがあり、ホテルやレストラン、お洒落なパティスリー、ブティックなどが並んでいます。

アリさんの別荘は、ラシュトから右に車で約40分ほど行った山の麓に建っていました。3階建てで1階はリビング仕様、2階が寝室と客間、3階はパーティルームで、バルコニーからカスピ海が見渡せました。

カスピ海の近くでは4月でも雪が残っている

この辺りのカスピ海沿岸は、雨が多くて山との距離も近いのでカスピ海の霧が塞き止められて日本のように湿気が多く水田が多く見られます。この地域は米の一大生産地なのです。緑濃い里山に水田に三角屋根の家々。じっと見ていると、まるで日本の農村地帯にいるようです。そしてのんびりと牛たちが道を歩いているので、日本の原風景に出くわしたような錯覚に襲われます。

第３章

萌芽をはじめた
イランビジネスのシーズ

街のいたるところにあるビジネスの可能性

■テヘラン・人口1300万人——ビジネス都市としての魅力

イランの国土は日本の約4・5倍の国土面積に8210万人（2018年）の人口を擁しています。政治体制はイスラム共和制。国民直接選挙による1院制の議会があり、大統領も国民が選挙で選びます。ただし、イスラム国家として国家元首にあたる最高指導者はイスラム法学者のなかから選ばれます。

イランに日本企業が進出するならやはり首都テヘランです。

首都圏人口が1300万人を超え、都市インフラは欧米並み。そして大概のイラン人は日本が好きで、日本製の商品に信頼を置いています。日本貿易振興機構（ジェトロ）の資料では、2017年度イランの名目GDPは4万3190億ドル（世界27位IMF）、一人当たりのGDPは5305ドル（98位IMF）。

テヘランの人口はイラン全体の11％ですが、GDPの約25％を占めています。経済成長率は近年5%～10%ぐらいの上昇率で推移しています。イラン人労働者の平均年収は約80万円ですが、テヘランの生活費はイラン平均の倍近くしますから年収150万円前後がテヘランでの平均的年収でしょう。

また、テヘランに住む約10%が富裕層に属し、テヘランのGDPの8割を担っているといわれています。

テヘラン市内は多くの車が走る。この道の奥には4000m級のアルボルズ山がある

テヘランの交通手段は圧倒的に車です。一般的にはフランス・ルノー社の現地生産車に乗っていますが、富裕層はニューモデルのポルシェ、ランボルギーニ、フィアット、ベンツ、BMW、その下の富裕層はトヨタの高級車や韓国製の高級車などの輸入車に乗っています。自家用車を持っていない人々は、通勤や移動に乗り合いタクシーを使うのが一般的です。

道端で目的地と同じ方向に向かうタクシーを

拾います。
定員がいっぱいになるまで、運転手はお客を拾います。相場は100円程度です。車の次が縦横に走る路線バスと地下鉄です。地下鉄は8路線もあり便利です。何よりも公共の乗り物は料金が安く、始発から終点まで乗っても約40円です。

テヘランの町を歩くと大半のイラン人はヨーロッパと同じようなカジュアルな服装です。Tシャツにジーンズ、足下はナイキやアディダスのスニーカー、手にはスマホ、耳にイヤホン。違うのは、女性が頭に被るヒジャブ（スカーフ）だけです。でもテヘランの女性はお洒落なので、このヒジャブもお洒落アイテムの一つにしか見えません。
イランではすでにモバイル環境が整えられています。一部のネットワークに規制はありますが、SNSなしに生活は考えられないような状態です。

下町は、ブロックごとに同じ商品を売る店が並びます。家電が欲しければ、かつての東京の秋葉原のような電器街があります。靴などの皮革街、スーツなどのアパレル街、車とバイクのパーツ街に修理街……。もちろん、南部にある世界一の規模を誇るバザールに行けば何でも手に入ります。

そして、北に行くに従って高級店が軒を連ねます。セレクトショップが目立ち、それらがテナントとして入るファッションビルのセンスは、日本以上に洗練されていてお洒落です。

■弱点は「外食産業」――その理由とは？

そんななんでも揃っているテヘランですが、貧しいのは外食産業です。北の富裕層が住むエリアにはヨーロッパの本場に負けないレストランやイランの伝統料理を食べさせる高級レストランがありますが、大半はハンバーグやホットドッグ、サンドイッチ、ピザなどのファストフードであふれています。

しかし、こうした外食の多くが大して美味しくありません。なぜかとイラン人に問うと、イランの家庭料理が美味し過ぎて、外では軽く腹を満たすだけでよいのだという答えが返ってきます。そして、都市圏人口１３００万人余りを擁する大都会のテヘランなのに純粋な和食の店がありません。いまや世界中にある中華料理店ですら、数軒しかありません。1980年代のイラン・イラク戦争の影響もあるでしょうが、大変にもったいない現状です。最近では、和・中・東南アジアのメニューをミックスしたアジアンスタイルの店ができていますが、店構えや内装は凝っていても、出てくる料理自体は貧相なのに、非常に高価なのです。

イラン人は豚やアルコール以外は、ハラル（イスラムの戒律に則った食材）に対してそれほど神経質ではありません。主食は数種のナン（パン）と米飯です。麺も食べます。アルコールや豚肉を除いた純粋な和食店や、ラーメン、うどん、焼きそば、牛丼、焼き肉等を現地の好みに合わせて工夫すれば十分にビジネスチャンスはあります。

何よりも、私がお目にかかった在テヘラン日本大使館のスタッフや大手商社マンの方たちは日本食に飢えていて、是非とも日本食が食べられる店をテヘランに出してもらいたいと口を揃えて話します。

テヘランには日本人学校もあります。在留邦人が約700人いて、ほとんどがテヘラン在住です。しかも、90年代に日本に渡ったイラン人は約5万人にものぼり、日本人を妻に娶ってイランに帰国したイラン人が250名ほどいると聞いています。その

ヨーロッパ並みにレベルの高いケーキ店

高級なカフェ。料金は日本と同じくらい

何割かはテヘラン在住と思われますので、そうした夫婦の家族を中心に日本ファンが増えていると思われます。

アルコールが禁止されているイランでは、子どもはもちろんですが、大人も甘い菓子類を好みます。そのため菓子店の数は驚くほど多いのです。こうした菓子店では伝統的な菓子に加えて、ヨーロッパ風のケーキ類もたくさん売られています。北の高級パティスリーは、本場ヨーロッパに負けないほどお洒落で、味も互角です。洗練度の高い日本のお菓子類やケーキ類も十分に進出できる市場です。

また、太りやすい体質のイラン人は、健康意識が高く、ダイエット食や自然食への関心が非常に高いので、この分野の日本企業進出も期待できます。

そして、顔や肌の露出度は規制されていますが、極度に乾燥している気候なので、女性の美容意識も非常に高いのです。特にイラン女性の化粧品使用量と化粧品にかける金額は西アジア圏内で群を抜いています。日本の優れた化粧品や美容製品が現地で通用する余地は大いにあると思います。

Column
イランを知る④

"ブラックサンダー"中東で稲光る

2018年7月、長年おつき合いしていただいている株式会社ジイエフビィエンタープライズの細野照夫社長を誘ってテヘランに行きました。細野社長は、ロケ弁販売、カフェ経営等、複数の会社の顧問などをこなしながら、ベトナムや中国に進出する企業のコンサルタント業でも長年のキャリアと実績を有されております。

1週間ほどの短いテヘラン滞在でしたが、恋に落ちたようにイラン贔屓となり、帰国後は人に会うたびに自分で撮った動画や画像を見せて、

「イランは凄いよ！　ビジネスチャンスに溢れているよ！」

とイラン人も呆れるほどにイランを売り込んでいました。日本に滞在していた私の友人であるイラン人ニマを細野社長に紹介すると、２人は意気投合していましたし、３人でテヘランを回ってイランの素晴らしさと多様なビジネスチャンスが存在するのを実体験されて日本とイランを結ぶコンサルタント事業を開始することを決断されたのです。

早速それぞれの分野に秀でた日本人５人とニマを含めた６人で「チーム・イラン」を結成。ラーメン屋さんをはじめとする外食産業、菓子業界などに営業を開始。

細野社長の人脈から菓子業界の風雲児ブラックサンダーで大人気の有楽製菓社にアプローチして「ブラックサンダー・イラン売り込み大作戦」を提案しました。

「う〜ん、イランねぇ」

というのが、有楽製菓社海外営業担当者の反応でした。しかし、それから怒濤の営業攻勢をかけます。有楽製菓社の社長と会い、異業種交流会に誘い、日本で一番イランとの関係が強い大物政治家と会食をするなどなど。

それでもなかなかイラン進出の意向は持たれなかったのですが、われわれチーム・イランの紅一点で本書の表紙デザインを担当していただいた山梨榮利子さんが数年前から毎年何回もドバイで和服ブレンドのムスリム・ウエアーファッションショーを開催されてきた繋がりからドバイの観光名所である「Global Village」内のジャパン・パビリオンで是非ともブラックサンダーを売りたいとの誘いが来たのです。

Global Villageの国際展示販売会は1996年からはじまり、210か国以上の商品が販売されており、半年間のシーズン中には550万人を超える来場者で賑わう大人気のイベントです。

ドバイとイランはペルシア湾を挟んで高速フェリーで約5時間の距離。

「よし！　イラン進出の前準備と中東マーケティングを兼ねて、是非、有楽製菓社に出展してもらおう」

とこちらの営業攻勢に方向転換。

こちらはトントントンと話が進み、18年10月末から出展することとなり、日に日に売り上げを伸ばして大成功。ジャパン・パビリオンの責任者の話では、これまでの日本食品販売ではダントツの人気だとか。さすがブラックサンダー、日本だけでなく中東でも不思議な実力を発揮してくれました。さあ、ドバイを皮切りにイランへ乗り込むぞ‼

ここが注目！　イランの産業

■農業大国としての実力

「実は、イランは工業大国であり農業大国なのです」

イランは、広大な砂漠や荒野が広がる熱帯の国とほとんどの日本人は想像します。確かに日本の国土の４・５倍もあるイランの４分の１は砂漠と荒野です。砂漠のなかには塩砂漠もあります。だからイランは不毛の土地で、貧しい国と思われがちです。

しかし、直近の分野別ＧＤＰ内訳は、サービス業が５割弱、製造業が２割強、石油産業が２割強、そして農業は６・４％もあります。

ここで注目すべき分野は石油産業です。イラン近隣のアラブ諸国が国家収入の大半を石油に依存するなかで、世界第４位の石油埋蔵量を誇るイランの石油産業依存度は20％程度なのです。そして２０１７年度の自動車生産台数はなんと１５３万台と世界で16番目に位置しているのです。

農業の対GDP比は、6・4％（日本は1％弱）ですが、生産量で世界トップ10に入る農産物が多くあります。サフランやピスタチオは世界トップ。スイカ、キュウリ、羊肉はトップ5、レモンや茶もトップ10内に入っています。

世界一の生産量のピスタチオ。イランでは生でも食する

イランの国土は、熱帯地方から亜寒帯地方まで広がっています。そして、北部には東西を1000キロにわたって連なるアルボルズ山脈があり、最高峰のダマーバンド山は5670メートルもあります。また、南西部にはザグロス山脈があり、北西から南東にかけて900キロ、3600メートル以上の峰が続き、アルボルズ山脈もザグロス山脈も雪山が多く、万年雪を冠しているのです。

これらの山々は豊富な雪解け水で大地を潤しており、乾燥地帯でも古来縦横に張り巡らされたガナート（地下水路）によって肥沃な大地となっています。

つまりイラン国土は、高低差に富み、気温の寒暖や乾湿が地域によって激しく異なりますので、植生が非常に豊かで、農業に適した土地も多く、適さない土地でも古代から続く灌漑事業によって豊かな農産地となっているのです。

現地のバザールに行くと、多種多様な野菜類、果物、それらを料理や菓子用にペースト状に加工したものなどが山と積まれていて圧倒されます。また、イラン人の家庭にお邪魔すると、応接間には必ず季節の果物やナッツ類、菓子類などが沢山テーブルに用意されています。ちなみに、イラン人はキュウリを果物感覚で食べるので、応接用の果物入れには必ずキュウリが添えられています。

イランのナッツは種類も豊富で品質も高い

しかしながら、伝統を大切にするイラン人の生活もいまでは資本主義の奔流に飲み込まれ、大量生産消費、24時間フル稼働のライフスタイルと地球規模の気候変化とが相まって水不足が深刻な問題となっています。

年間降水量が少なくても、高山からの雪解け水で十分水需要を賄ってきたイランでは水道水も問題なく飲めますし、公園内の植物や道路沿いの植栽にはスプリンクラーで潤沢に水が供給されていますが、近代農業も工業も大量の水を必要とするので、水不足は深刻です。

もうひとつ、近代農業はモノカルチャー（単作）で大規模生産が基本です。耕作し、有機もしくは化学肥料を与え、農薬を使う農家もあります。

モノカルチャー（単作）は、多様な植生とそれに集う動物・昆虫・微生物による豊かな生態系を破壊し、土地を肥やす作用を妨害します。肥料を与えることは作物の自力成長を阻害し、過保護で軟弱でエネルギーのない作物しか育ちません。

均質さを求める近代農法は、結果的に土地を痩せさせ、食する人間に生きるエネルギーを与えることができず、さまざまな病気の原因にもなると思います。この問題は、イランに限らず世界全体にいえることです。

ここで詳しくは述べませんが、日本ではこの問題に対処できる農法があります。大量の水を必要とせず、その地域に合った本来の生態系を取り戻すことで土地も肥え、それらを食する人間も健康を取り戻す。そんな農業コラボがイランとできたら素敵だと思います。

■観光産業――世界10位23の世界遺産を持つポテンシャル

このほかに成長が期待できる産業が観光産業です。

イランには23の世界遺産があります。とくにイラン観光は欧米人に大変人気があり、年間５００万人前後の観光客が訪れています。しかも、米と同盟国による経済制裁が解かれてからは年50％増の成長率です。（２０１８年11月よりトランプ米政権による経済制裁を再発動中です）

しかしながら、観光インフラは不十分です。ホテルの数も不足しています。日本人にはこれまで人気がありませんでしたが、日本人も欧米から東南アジアまで何度も訪れた人が多いので、未知の国である西アジアのイランは有望な観光地になること間違いなしです。旅行会社やホテル事業などの進出を検討してもよいと思います。

テヘランを訪れた際、友人のイラン人の紹介でテヘラン北部の富裕層が住むマンションを訪問しました。

部屋は豪華で調度品もとてもセンスがよく、金持ちにありがちな独特の嫌味が一切

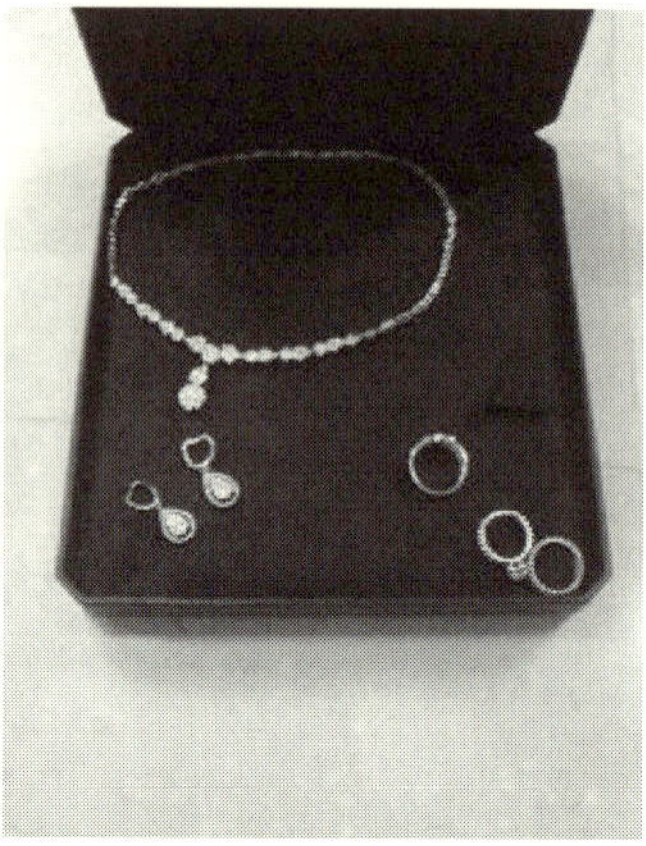

ジュエリーボックスメーカーのイラン人社長は、日本メーカーとのコラボを望んでいる

感じられない上品さなのです。これがイラン上流階級のセンスなのだなと感心したものです。

　そこでジュエリー・ボックスを生産販売している若い社長に会いました。この会社は、テヘランにおけるジュエリー・ボックス業界で有名な会社でした。サンプルを数個見せてもらいました。中国に委託生産させたものでしたが、素人目にもかなり完成度の高いものに見えました。その社長は私にこう話してくれました。

「われわれは中国より、やはり日本と組みたい。そちらの方がもっと美しい物ができるし、信用度も高いから高値で売れるんだ。ジュエリーだけでなく、輸出用にワイン・ボックスも作っているし、箱なら何でも作る。ぜひ、日本でわれわれと合弁を希望する会社を探してくれないか」

確かにイランと日本が組めば、世界に打って出られるなと思いました。私は箱業界に対しては素人なので話を聞くだけで何もアクションを起こしませんでしたが。

最後にビッグなビジネスチャンスとして、テヘランには排気ガスの問題があります。前述しているようにイランでは急速にモータリゼーションが進み、慢性的な渋滞がいたるところで発生しています。特に冬場は北の山脈と垂れ込めた雪雲にフタをされたようになって、排気ガスがこもってしまって小中学校が休校になるほど酷くなります。

この排気ガス問題に日本の先進的な技術が貢献できれば、テヘラン政府も住民も大喜びでしょう。さらに、イランは日本と同じく地震大国です。しかも、耐震化が行われていない建物が多く、大きな地震が発生すればその被害は甚大です。日本の優れた耐震技術や、建材はイランでのニーズが非常に高いと思われます。

期待される日本の役割

■ビジネス・パートナー、イラン人のニマとの出会い

２０１５年10月、私は青山にあるマレーシア料理店「マレー　アジアン　クイジーン」で知人と食事をしていました。その知人に口角泡を飛ばしイランと日本との関係や日本とイランとの文化交流を基にしたビジネスについて熱弁を振るっていました。

途中トイレに立って席に戻ると、見知らぬ外人が待っていました。

「俺に用？　前に会った？」

「いえ、はじめまして。私はイラン人ですが、あなたがイランと日本を結ぶビジネスの話をされていたのを近くの席でずっと聞いていたのです。もっと詳しく聞かせてもらえませんか？」

と訛りのない流暢な日本語でジェントルに話しかけてきました。

日本のマレーシア料理店で出会ったイラン人。ニマとの出会いは、そんな珍しい偶

然からでした。ニマは敬虔なムスリムで、食事はハラル（イスラムの戒律に則った料理）しか食べません。もちろん、アルコールも飲みません。だから、彼は職場に近くてハラル料理のある「マレー　アジアン　クイジーン」の常連だったのです。

それからニマとは頻繁に会って日本とイランのビジネスの話を重ねました。テヘラン出身のニマは、会社を経営する親戚たちにも出資をし、自分も日本とイランとの商売をしたいと考えていたので、私とともにできることは共同でやろうという話になりました。日本のＩＴ企業でシステム運用や営業を経験しているニマは、日本語が流暢なだけでなく、マーケティング資料やプレゼン資料なども完璧に作成するスマートな頭脳も持っていました。

イランの大学で鉱業分野を学び、03年に来日して日本語を学び、イランで学んだ学問とは全く違うＩＴネットワーク分野に進み、日本の会社で日本人以上に活躍していたニマも、約15年間の日本生活を終えて、17年12月にイランに帰国し、イランと日本を往復しながら、われわれのビジネス・パートナーとして本格的にイランと日本を結ぶビジネスに取り組んでいます。

■イラン人ニマから見た日本とイランのビジネスの可能性

イランの人口は８２１０万人（18年の統計）、中東アジアで２番目に人口の多い国です。

北部のカスピ海と南部のペルシア湾、オマーン湾に挟まれていて、ユーラシア領域でヨーロッパとアジアの間に位置しています。そのおかげで中東、アジアを含めてユーラシアのハブとして、４億人以上の市場につながっています。

イランで投資やビジネスを考えている海外企業はイラン国内の市場だけではなく、イラン周辺国の４億人以上の市場も視野に入れて戦略を立てています。

１００年前から数年前までイランの国際貿易の収入の多くは、石油の輸出が占めていました。しかし、イラン革命の後、経済戦略を石油に依存しない経済を作り出すことに変わりました。それは石油を輸出しないという意味ではなく、国の予算から石油輸出の収入を計上しないことでした。その経済政策を実現させるため、技術主導型のイラン産製品の輸出を増加させることに軸を置いています。

イラン政府は産業と農業における自給自足の目標を定めています。特に国産品生産のため、海外から技術を取り入れてそれをローカライズすることや観光業への投資に焦点を当てています。

イランは開発途上国であり、産業と農業における自給自足を実現させるために、海外からの技術支援を必要としています。

では、どのような産業が、そうした技術支援を求めているかを見ていきましょう。

１　エネルギー使用効率化

イランは石油の実績埋蔵量で世界４位、天然ガスでは２位に位置しています。

資源の豊富さ、さらに政府の補助金もあり、イランではガソリンやガスが非常に安く手に入ります。そのためイランは年間を通して無駄になっているエネルギーが非常に多いのです。

具体的には次のようになっています。

【水】

イラン人の使用量は世界基準の２倍です。

水の80％は農業で使用されています。

【電気】

イラン人は自宅でつけているランプの数は他の国の3倍です。

【ガス】

イラン人の使用量は世界基準の3倍です。

【ガソリン】

イラン人の使用量は世界基準の5倍です。

石油依存から脱却する政策の実行もあり、政府はエネルギーの使用文化や使用管理を改善させるために補助金を止めようとしています。

政府が補助金を止めたら、当然イラン国内でエネルギーのコストが上がるでしょう。一方でエネルギー使用管理や消費効率化ソリューションが不十分なため、コスト管理が非常に難しくなり、海外からの技術支援が必要となります。さらに気候変動によって、水不足が深刻な問題となっており、技術支援を必要としているのは産業だけでなく農業も同じ状況です。

日本を含めて海外からの再生可能エネルギー技術や産業と農業のエコ技術が必要不可欠です。

２　自動車関係（部品生産、ボディーケアなど）

17年度の自動車生産台数は１５３万台で世界ランキング16位に位置しています。国際自動車工業連合会によると、16年のイランの１年間の生産成長率は18・６％で、世界ランキングで１位になっています。

イランの自動車産業の計画では、26年までに中東・中央アジア及び、コーカサスで１位、アジア全体で５位と世界で11位になるよう目標が立てられています。

この計画はやはり石油依存から脱却する政策の実現に基づき、自動車部品をほぼ国内で生産する目標を定め、海外からの技術支援を積極的に取り入れようとしています。

３　観光

イランの観光産業は高いポテンシャルを持っています。世界観光機関（World Tourism Organization＝ＷＴＯ）の発表によると、イランは歴史的な観光スポットで10番目にランクされていて、天然アトラクションでは世界５番目です。

ＷＴＯが発表した統計によると、イラン観光業の17年の成長率は12％でした。一方、世界の観光産業の成長率は4％でした。

イランがこうした高い成長率なのは観光産業への積極的な投資が行われていることがあります。例えば、16年だけでも観光産業への投資は20％〜30％に増加しています。

イランで観光種類は以下のようなカテゴリーに分けられています。

・文化・歴史観光
・巡礼観光
・医療観光
・エコツーリズム
・ハラール観光

日本人観光客にとってイランはとても興味深い国ですが、日本企業にとっても、イランの観光業は最適な投資チャンスです。これまでも観光産業への投資は増加していますが、まだまだホテルなどの宿泊施設、観光客が楽しめる場所など、全体的にインフラ投資が必要で、今後も増加が期待できます。

4 化粧品

イランの化粧品の使用量は世界7位、中東アジアでは2位となっています。08年の中東アジアの化粧品市場の規模は72億ドルで、市場の平均成長率は8％と東ヨーロッパの次に高い成長率になっています。

その要因は中東アジア人口の約半分は30歳以下と若いことがあげられます。イランの約1400万人（頻繁に化粧品を購入する女性の人数）は中東アジアの29％の化粧品使用者数を占めています。中東アジアの女性の人口約1億5500万人のうち、イラン人女性の数は9％（1400万人）でしかなく、にもかかわらず中東アジアの化粧品市場全般の約3分の1（21億ドル）を占めています。

このように大きな成長の可能性を秘めたイランですが、そんなイランでは「メイド・イン・ジャパン」に対する信頼度が高く、とても人気があります。

イランにおける「メイド・イン・ジャパン」に対する印象は、高品質でアフターサポートのサービスがよいというイメージがあり、イラン革命の前から、日本製のものが多く買われていました。しかし、現在の市場では日本産のものが非常に少なくなっています。まずは化粧品をはじめ日本製品をイラン市場に投入し増加させることは、それに続くさまざまな日本製品がイラン市場で成功する確率を高めることに繋がると思います。

　これはここであげたものに止まらず、イランでは他の分野でも日本企業が非常に大きな市場シェアを獲得できるでしょう。


　ともかく、テヘランを歩けばビジネスチャンスに当たる、というくらいに日本企業にとっては魅力的な都市だと思います。どんな業種でもその道のプロがテヘランを歩けばビジネスチャンスを見つけられると確信します。あれもこれもとビジネスのアイデアが湧き上がり、一気にイラン好きになることでしょう。テヘランで成功モデルができれば、その他の都市でも必ず成功できると思います。

　しかも、イランの平均年齢は27歳と非常に若く進取の気性に富んだ国です。またテヘラン大学前のエンゲラーブ通りには、およそ1キロも続く本屋街がありイラン人の教養の高さが窺われます。そんな国だからこそ日本とイランは上手くやっていけると思うのです。

Special Edition

イランのみどころ
——観光の基礎知識

by　エーペックスインターナショナル株式会社

■イランの魅力

イランでは、紀元前から独自の文化が生まれ、現代もなお素晴らしい古代遺跡の数々が残っています。さらに、ペルシア歴代の王の贅を尽くした宮殿や、ブルーを基調にタイルやガラスを複雑に構成した繊細で鮮やかなモスクなど、その荘厳で美しい空間に誰もが息をのむことでしょう。

文化、歴史、遺跡とさまざまな観光素材に恵まれている他にも、比較的安全で治安のよい国である点、旅行者にとても親切で、親日家が多いイラン人の国民性が、イランという国全体の魅力となっているのでしょう。

■イランへ訪れる旅行者数の推移と観光産業のポテンシャル

統計によると、イランに訪れる外国人観光客は、2012年ごろまでは200万〜300万人で推移していましたが、2015年にイランの核開発制限の見返りに対イラン経済制裁を解除する核合意の協定が結ばれると、翌年初めには多くの制裁措置が解除され、観光客の数が急増しました。17年3月までの1年間は、600万人を超える旅行者がイランを訪れ、前年16年の50％増という驚異的な伸び率を示しており、毎年、57億ドルを超える観光収入がありました。

これは、17年ごろ、パリやロンドンといった大都市から、首都テヘランへの直行便が増えたことで、特にヨーロッパからの観光客が急増したためです。またイランが外国人観光客を誘致するために、世界190か国を対象に、空港での到着ビザや電子ビザの発給の制度を整えたことも後押ししています。

不足していた観光インフラも次々と整備がはじまりました。16年のデータによると、イラン国内には五つ星ホテル40、四つ星ホテル114、三つ星ホテル208、2つ星ホテル317、一つ星ホテル456か所があり（出典Kian Hotel Management Institute）、いまも約1600件ものホテルプロジェクトが進行中です。中でも、総客室数が700にもなる、完成すればイラン国内で最も高いホテル棟となるホテル建設も始まっています。（出典：JETRO　イラン産業ガイドブック　18年3月）

また同時期に、国際的な大手チェーンホテルが続々と参入をはじめました。フランスのアコーホテルズを皮切りに、スペインのメリア、アラブ首長国連邦のロタナも

歴史と現代が混在するテヘランの街

次々とオープン予定です。また英国の格安ホテルチェーン、イージーホテルもイランで500室にのぼるホテル展開を計画しています。

世界経済フォーラムが15年、観光競争力の指標と題する報告の中で、世界141か国について調査し、イランを世界で最も経済的で安価な旅行先としました。この報告は、13年から15年までの観光分野の競争力について調査しており、最も経済的な旅行先として1位のイランに続き、2位エジプト、3位インドネシアとなっています。観光産業における価格競争力は、その国の観光や観光産業への投資の増加に繋がっています。

また16年、フィナンシャルタイムズやガーディアン等の新聞が、ペルセポリスやイスファハン、シラーズといった歴史的な美しい都市を、優れた世界の旅行先として紹介しました。

世界観光機関の報告によれば、イランは古代の歴史的な見どころを持つ国として世界10位、自然遺産の豊かな国として5位に位置付けられています。

今後も急成長が約束されていたイランの観光産業ですが、18年トランプ米大統領の突然の経済制裁再開の発表により、大打撃を受けました。

それでもイランは、今後25年までに、2000万人の外国人観光客が訪れることを見込んでいます。世界情勢に翻弄されるイランですが、豊かな観光資源、治安の良さ、イラン人の国民性など、旅行先としてのポテンシャルは今後も変わることはありません。

■観光で訪れる際の注意

イランでは、イスラム教の人（ムスリム）が一番多く、イスラム教のルールが国のルールとなっていったため、レストランやホテルでアルコール類や豚肉の飲食が禁じられています。イラン社会そのものが深く宗教が根ざした社会であり、多くの宗教が共存している国でもあるため、自分の宗教をきかれると無宗教という回答をする日本人に違和感を覚えるイラン人も多いということを頭に入れておきましょう。

また、基本的に女性の入場禁止の場所はありませんが、イラン全土で観光客を含めて、女性はスカーフの着用が必須です。イスラム教の規律に則った体のラインを隠すような服装をしましょう。また男性も短パンなど肌を露出する服装は禁止です。

宗教上また慣習上、特に女性がひとりで歩いている姿は、外国人の少ないエリア等では奇異に映ります。地元の女性同様、チャドルやマーントーという体や髪を覆う民族衣装を着用することでなるべく目立つのを避け、不要なトラブルは避けましょう。

■治安について

一般的にイランは比較的治安のよい国とされていますが、観光ではほとんど訪れることのないパキスタン、イラク、アフガニスタンとの国境付近は、外務省の海外安全情報ではレベル4の退避勧告、レベル3の渡航中止勧告、レベル2の不要不急の渡航中止の情報が出ています。また首都テヘランおよび観光地を含むイラン全土はレベル1の十分注意の情報が出ています。

渡航の際は、必ず外務省の安全情報のサイト等より最新の情報を確認しましょう。

ここがみどころ！　イランの観光スポット

〝世界の半分〟といわれたイスファハン

16世紀末、サファビー朝はイスファハンを都に定め、宮殿や寺院、バザール、橋など壮大な街並みが築き上げられました。絹の輸出で経済の発展をとげ、細密画やタイル美術などペルシア芸術も花開き、その栄華は〝イスファハンは世界の半分〟と賞辞を受けていました。

特にイマーム広場の南端に位置するイマーム・モスクは完成までに18年を要し、その精密なタイル装飾は見る人を今でも圧倒します。

イスファハン広場

バラの街、シラーズ

1年を通して穏やかな気候のシラーズは、街には庭園など緑が多く、特にバラの美しさで有名です。またイラン国民が愛する四大詩人のうちの2人、ハーフェズとサアディーを輩出した町としてもよく知られています。別名〝ローズモスク〟といわれるピンクのタイルが美しいナシル・アル・モルク・モスクや、世界遺産にも登録されたペルシア式庭園などが見どころです。

ペルシアの栄光、ペルセポリス

ペルセポリスは、紀元前520年、

毎年5月ごろになると様々な種類のバラが至るところで花開く

アケメネス朝ペルシア帝国のダレイオス1世の命により建設がはじまり、約60年後の孫アルタクセルクセス1世によって完成されました。総面積12万５０００平方メートルという広大な都で、その大きさは実際に訪れてみてこそ初めて実感できます。紀元前３３１年にアレキサンダー大王によって陥落するまで、西はエジプト、東はインドまで勢力をふるったという王朝の栄光がそこかしこに感じられます。ユネスコ世界遺産にも登録されているイラン最大の見どころのひとつで、ヨルダンのペトラ、シリアのパルミラとともに「中東の３Ｐ」と呼ばれ、いまもなお訪れる人が絶えません。

ゾロアスター教の聖地、ヤズド

イラン中央部に位置するヤズドの旧市街は、日干しレンガの土色の街並みが迷路のように入り組み、バードギール（風採り塔）のある景色が美しい街です。ヤズドは世界最古の宗教のひとつゾロアスター教（拝火教）の聖地で、アケメネス朝、ササン朝時代に国教だったゾロアスター教の信徒がいまも住んでいます。ゾロアスター教は、火・水・土を神聖なものとし、それらを汚すことを嫌ったため、古く鳥葬を行っていましたが、いまは禁止され、イスラム教と同様土葬になりました。

首都・テヘラン

人口1300万人が暮らすイランの首都。イラン高原北西部の標高1200メートルの地点に位置し、4000メートル級の山々が連なるアルボルズ山脈の山麓に位置します。

テヘランは、イランの文化的中心地でもあり、多くの博物館、美術館、宮殿、高等教育機関を有します。451年前に建設されたサザン王朝とガジャール朝時代の宮殿で、装飾が見事なゴレスターン宮殿、世界中から集められたジュエリーを展示している世界でも最も貴重な博物館のひとつ国立宝石博物館、紀元前2000年から20世紀初頭のガジャール時代末までの広範囲にわたる歴史上貴重な品々が展示されているレ

市内からい少し出ただけで、エキゾチックな雰囲気につつまれる

ザアッバーシ博物館などは必見。また、イスラム教のモスクだけでなく、キリスト教の教会やユダヤ教のシナゴーグも各所で見ることができます。

〈イランの基本情報〉

国旗

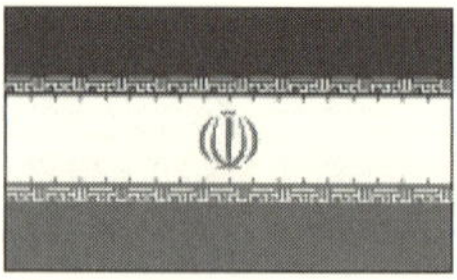

国名　イラン・イスラム共和国

面積　164万8195平方キロメートル（日本の4・5倍）

人口　約8210万人（2018年）

首都　テヘラン（人口約1300万人）

元首　ハサン・ロウハーニー大統領

民族構成　イラン人の他アザリー系のトルコ人、クルド人、アラブ人など。

宗教　イスラム教シーア派が約90％。イスラム教スンニ派、キリスト教、ゾロアスター教、ユダヤ教なども。

言葉　ペルシア語が公用語。

〈旅の便利帳〉

通貨　通貨はイランリアル（Ｒｌｓ、ＩＲＲ）
紙幣は10万、5万、2万、1万、５０００、２０００、１０００、５００リアル
硬貨は２０００、１０００、５００、２５０リアルがあるがほぼ流通していない。
実際に日常生活の中ではトマーン（Ｔｏｍａｎ）という単位がよく使われる。
1トマーン＝10リアル。買い物の際にはどちらの単位か必ず確認を。
日本ではイランリアルを入手できない。日本円からも両替可能な両替商もあるが、米ドルまたはユーロが両替には一番スムーズ。両替は、銀行のほか街中の公設両替商が便利。

為替レート　1万リアル≒26円（２０１９年2月現在）

両替　「Exchange」という看板が目印の公設両替商で可能。大都市には店舗数も多い。
クレジットカードは使用不可。

物価（目安）　街中ではだいたいコーラ（３３０ミリリットル）＝1万６０００リアル／ミネラルウォーター（５００ミリリットル）＝1万リアル

電圧　２２０Ｖ（日本は１１０Ｖ）

プラグ　Ｃタイプ。コンセント側には丸い穴が2つある形状。

〈プラグの形〉

現地時間　日本との時差は5時間30分（日本の昼12時がイランの朝6時30分）。
イランではサマータイムを実施しており、その期間は時差が4時間30分となる。
サマータイムの期間は概ね3月22日～9月22日（※年によっては日にちがずれることがある）

ビジネスアワー　ショップやデパートの営業時間は9時30分～19時頃まで。個人商店は昼休みをとるところもある。オフィスの休日は金曜と日曜。またラマダン（断食月）の季節は、陽が落ちてから営業を開始する。

水　基本的にはミネラルウォーターを購入のこと。街中では1万リアルほど。

気候　イランには、はっきりとした四季がある。一般的に春（3月後半～5月）と秋

（10〜11月）は気候が穏やかで過ごしやすいので、この時期が全土を通じて旅のベストシーズン。ただし国土も広く起伏のとんだ地形のイランの気候は、場所により大きく異なる。ペルシア湾沿岸は、夏（6〜9月）は摂氏40度を超えるほどの暑さだが、タブリーズなど西部の高原部や北部カスピ海沿岸を訪れるなら、この時期がオススメ。逆にテヘラン周辺からタブリーズの北西部は、冬（12〜3月）は日によっては雪も降ることもあり非常に寒いが、ペルシア湾沿岸部を訪れるならこの季節がオススメ。

電話のかけ方　イランから日本へかける場合（例03─1234─5678）００（国際電話識別番号）＋８１（日本の国番号）＋３（市外局番の最初の０をとる）＋１２３４─５６７８

日本からイランにかける場合（例021─12345678）００１など（国際電話会社の番号）＋０１０（国際電話識別番号）＋９８（イランの国番号）＋２１（市外局番の最初の０はとる）＋１２３４５６７８

チップ　基本的にチップの習慣はないが、高級ホテルや高級レストランを利用するときは必要な場合もある。何かを頼んだときなどは感謝の気持ちを表そう。ホテルのベルボーイなどには2万リアル、ガイドにはガイド料の10～15％程度が相場。

写真撮影　軍関係の施設、国境、橋、空港、駅、ビザオフィス、警察関連の施設などの撮影は厳禁。

持ち込み制限　ポルノ類の持ち込みは禁止。女性の肌が露出している写真や髪を覆っていない写真など、日本人が一般的だと感じる写真・雑誌などもポルノとみなされる場合があるので持ち込みは控えよう。

緊急時　警察110、救急車115、火事125

インターネット　「カフェネット」と呼ばれるインターネットカフェが大都市では普及している。また大都市の高級・中級ホテルのロビーなどでは無線LANが利用可能。

インターネット規制　フェイスブックやツイッターなどの閲覧はできない。グーグルやヤフーなどのポータルサイトも一部閲覧が制限される場合もある。

携帯事情　国際ローミング対応機種ならば、音声通話、データ通信とも利用可能。ただしスマートフォンの場合、自動通信などにより高額な利用料金になることがあるので要注意。

ビザについて　観光目的でもビザは必要。イランの国際空港でもアライバルビザが取得可能だが、長時間かかったり、場合によっては発給がなされないこともあるので、事前の取得をしたほうが安心。

18年10月23日から駐日イラン・イスラム共和国大使館で発給される観光、業務、親族訪問目的のシングルビザ（入国は一度きり有効）は電子ビザ（e-VISA）の形式で発給され、パスポートに貼られるシールタイプではなくA４サイズの別紙に印刷される。

詳細は在東京イラン大使館 ホームページよりご確認ください。

http://jp.tokyo.mfa.ir/index.aspx?fkeyid=&siteid=392&pageid=25847

ビザ取得の準備

＊パスポート（有効期限６か月以上、査証欄余白２ページ以上）

＊査証の発給制限：申請日から遡って１年以内にイスラエル渡航歴があると査証申請は受付不可。ご注意ください。

＊イランに入国する渡航者は海外旅行保険加入が必要。補償額の規定はないが、

死亡補償の加入は必要。イラン滞在期間を全てカバーする英文保険証書を持参のこと。未加入の場合はイランの到着空港で加入が必要になる（保険料：16米ドル〜）

■日本からのアクセス

日本からイランへ空路で入国する場合、19年現在、日本からイランへの直行便はなく、ターキッシュエアラインズ（トルコ航空）、エミレーツ航空、カタール航空、エアアジアなどでアクセスができます。

イラン航空利用の場合、中国の北京またはマレーシアのクアラルンプールからテヘランへの直行便があります。

また、イランへ豪華な国際列車で入国するというダヌブエクスプレスも、特に欧米の観光客を中心に人気があります。ハンガリーのブダペストからルーマニア、ブルガリア、トルコを走ってイランに入り、タブリーズ、ザンジャン、カーシャーン、イスファハン、ヤズド、シラーズ、ケルマーン、マシュハドの歴史的な観光スポットを訪問した後、最終駅テヘラン国際鉄道駅に入ります。1950年代スタイルで設計された13両編成・定員75名の寝台列車は、バスタブ、トイレ、ダイニングラウンジを完備しており、たっぷり2週間以上かけて豪華列車の旅を満喫できます。

■国内での移動手段

イランには国際空港9つを含む52か所の空港があり、飛行機は移動手段として日常的に使われています。航空会社も21社あり、なかでもホマ（イラン航空）は最も歴史がある航空会社で、保有機材数も1位です。

飛行機のほか、電車、バス、タクシーなどの移動手段もありますが、国内で長距離移動する場合、ファダックトレインという五つ星列車もオススメ。テヘランとマシュハド、シラーズ、アフヴァーズを結んでいます。

■主な祝日

イランでは、2つのカレンダーを同時に使います。正式のカレンダーはイランの独特の太陽暦の暦で、伝統的、国家的な休日はすべてこのカレンダーで決まります。これに加えて、イスラム暦のカレンダーも使っており、イスラム教に関わる宗教的な祝日も多く、西暦にすると毎年日付が変更されます。そのほか、新しい日という意味のノウルーズ（元旦［春分の日］）など昔ながらのイラン独自の祭りもあります。

2018年の場合（＊太陽暦　※イスラム暦）
3月19日　＊石油国有化記念日
3月21〜24日　＊ノウルーズ（元旦［春分の日］）
3月29日　※エマーム・アリーの生誕日
4月1日　＊イラン・イスラーム共和国記念日
4月2日　＊スィーズダ・ベ・ダル
4月12日　※マブアス

4月30日　※ニーメイェ・シャアバーン
6月4日　＊エマーム・ホメイニ師追悼記念日
6月4日　※エマーム・アリー殉教記念日
6月5日　＊ホルダード月15日流血蜂起記念日
6月14日　※エイデ・フェトゥル
7月8日　※エマーム・ジャアファル・サーデグ殉教記念日
7月23日　※エマーム・レザー生誕日
8月21日　※エイデ・ゴルバーン
8月29日　※エイデ・ガディーレ・ホンム
9月19日　※ タースーアー
9月20日　※アーシューラー
10月30日　※アルバイーン
11月7日　※預言者ムハンマド昇天日、エマーム・ハサン・モジタバー殉教記念日
11月9日　※エマーム・レザー殉教記念日
11月25日　※預言者ムハンマド生誕日

12月18日　※ファーテメ・ザフラー殉教追悼記念日

■イラン料理

イランでは、お米を主食とするエリアとナンと呼ばれるパンを主食とするエリアとがあります。

全体として煮込み料理が多く、またハーブやフルーツが多用されるのも特徴です。日本食では、主菜として登場しないような、ざくろ、さくらんぼといった果物やバラの花びらなどが使われます。また、香辛料として唐辛子をあまり使わないので辛くはなく、ハーブやフルーツの味付けがやさしく味に深みをもたらします。

パラパラとした炊き上がりの長粒種のお米チュロウ、チュロウに具を入れたポロ、ナン（薄焼きパン）、ケバブ（肉の串焼き）、ホレシュ（煮込み）などがよく食べられます。

そして、忘れてならないのが、チャイ（紅茶）とナッツの習慣。これはおもてなしの基本であり、特にピスタチオはイランが世界一の産地です。

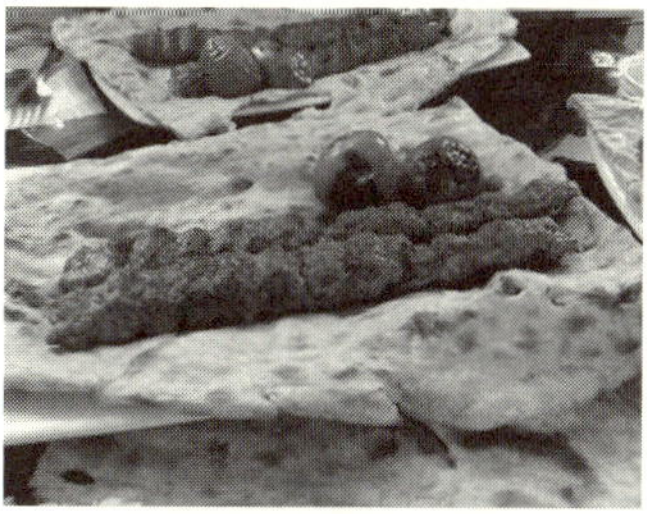

一番人気は羊のケバブ

棒状の砂糖を溶かしながら飲むのがイランのチャイ

■主なイラン料理

ケバブクビデ　味付けしたひき肉（牛肉と羊肉のミックス）を串につけて炭で焼く料理。羊肉のみの場合もあります。

バルグ　味付けした牛肉または、羊肉フィレを串に刺して、炭の上で焼いたケバブです。

ジュジェケバブ　味付けした鶏肉を串に刺して、炭の上で焼いたケバブです。

ホレシテ　フェセンジャン　甘酸っぱいシチューの料理。クルミやザクロジュース、チキンやひき肉で作り、白いご飯にかけて食べます。外国人観光客のなかで最も人気

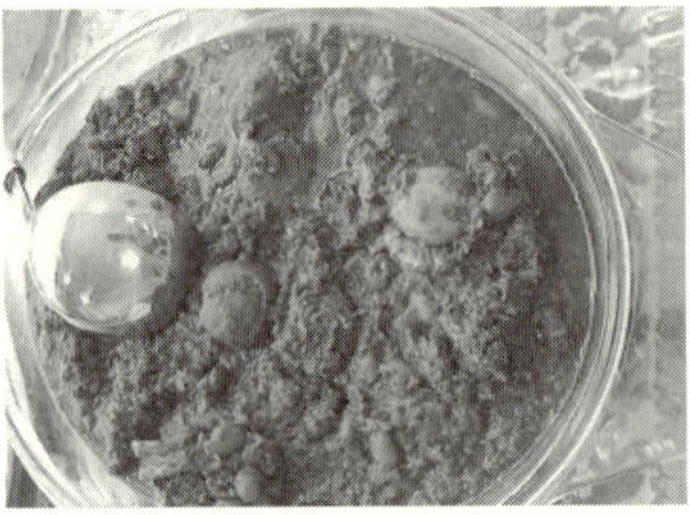

ゴルメサブズィはひき肉と色んな野菜、ハーブ、ヨーグルトベースのサラダの煮込み料理

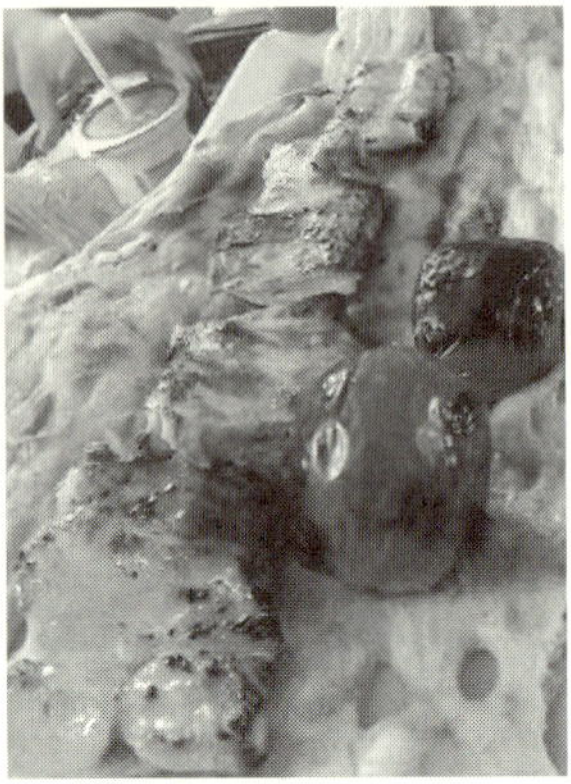

これは鶏肉のケバブ

のあるイラン料理として紹介されています。

ホレシテ バデムジャン　揚げナス、トマトと肉が入っていて、主食の白米やナンと一緒に食べます。

ホレシテ ゴルメサブズィ　赤豆、煮込んだ野菜、肉とレモン汁の組み合わせの料理。

バガリポロ　羊肉（足の部分）、そら豆、米、野菜、サフランが材料です。

ジャワーヘル ポロ　米、ピスタチオ、アーモンド、人参、オレンジの皮、バーバリス、サフランが材料の料理。

チェロモルグ　米、鶏肉、バーバリスとサフランで作る料理で、日本人観光客にも人気の一品です。

■お土産・特産物

ミニアチュールという細密画は、古代、中世の絵付きの写本に描かれた挿絵が由来で、文学において秀でた才能をみせたペルシア人の特徴を表しています。
ガラム・カールと呼ばれる唐草模様などをプリントしたペルシア更紗には、テーブルクロス、ベッドカバーなど様々な商品があります。また、銅の皿や器にエナメルで美しい彩色を施した製品や、全世界で40％がイラン産だといわれるペルシア絨毯など、ペルシアは伝統工芸品の宝庫で、バザールで歩いて、お気に入りの一品を探してみてはいかがでしょうか。

〈プロフィール　エーペックスインターナショナル株式会社〉

エーペックスインターナショナルは1975年に設立以来、旅行業の中でも現地事情に強い専門性をもつランドオペレーターとして、半世紀近くにわたり中国、東南アジアを含むアジア全域の地上手配の実績を重ねてまいりました。ベトナム、カンボジア、ミャンマー、タイ、インドネシア、ラオスなどに現地直営事務所を設け、観光旅行のみならず、様々な業種の視察ツアーや報奨旅行などのＭＩＣＥ手配を数多く手がけてきました。近年では、世界各地と日本のつながりを教育素材として、高校の修学旅行のトータルコーディネートも手掛けています。

イランのビジネス視察ツアー、日本貿易振興機構（ジェトロ）が支援するテヘランでの各種展示会出品サポートなども承りますので、詳しい内容につきましては、株式会社ジイエフビイエンタープライズまでお問い合わせ下さい。(http://www.gfb.asia)

あとがき

イランのショッピングセンターや街の専門店には、大量生産によるチープな品質の中国製や韓国製があふれています。

日本企業は、イランへの本格的な進出をしておらず「メイド・イン・ジャパン」に対する信頼度が高いにもかかわらず、イラン人の生活のなかに日本が見当たらないのです。

イラン人は世界的にも優れた文化センスを有する民族です。いまのような大量生産による大量消費の生活スタイルは早晩見直されると思います。そこに日本の伝統技術に裏打ちされた高品質のオンリーワン的商品の進出余地が大いにあると思われます。

日本でイラン製の商品が売られているのは、世界を代表するペルシア絨毯やピスタチオ、サフラン、デーツ、ザクロ、イチジク等の食品関係、ローズ・ウォーターやローズ・オイルなど美容関係が多いですが、実は、イランの絵本を長年にわたって日本で販売している女性がいるのです。イランの絵本は１９６４年から年に一度開催されるイタリア・ボローニャ国際児童図書展でたびたび上位入賞しています。

アルバイトをしながら日本で知名度のないイランの絵本を一生懸命展示販売を重ねられている彼女からはたくさんのことを学びました。こういった活動が日本とイランを結ぶ重要な絆となるのでしょう。

２０１９年は、日本とイランの国交樹立90周年で、その記念すべき年にこの本が出版されるのは誠に喜ばしいことです。そして、私もこの出版を期にさらに日本とイランを結ぶ文化交流事業に精進してまいりたいと思います。

また、この本を書くに当たり、参考にした文献は多々ありますが、多年にわたっての濫読に等しく、記憶も乏しいために割愛させていただきます。

最後に、この本の出版を持ちかけて下さったブレイン・ワークス社の佐々木紀行さんをはじめスタッフの皆さん、出版の英断を下されたジイエフビイエンタープライズの細野照夫社長、イランでの会社設立に関するペルシア語資料を的確な翻訳で送ってくれたニマ、ポップで素敵な表紙デザインを描いていただいたデザイナーの山梨榮利子さん、編集にあたり多くのご教示とご協力をいただきました叶舎の小川純代表をはじめ編集に関係していただいたスタッフの皆さん、スポンサー支援をしていただきましたエーペックスインターナショナルの仁科克彦会長に心より深く感謝いたします。

２０１９年２月

株式会社ジイエフビイエンタープライズ　イラン担当

高木　謙次　識

『バザラス』発行によせて

株式会社ジイエフビイエンタープライズ
代表取締役　細野照夫

いま思えばすべては人の縁からのはじまりです。本書著者の髙木謙次とは、私の学生時代の仲間で澤乃井の小澤酒造の小澤順一郎氏の紹介で知り合いました。そして、髙木の紹介でイラン在住弊社スタッフのニマと知り合い、それがきっかけで2018年に私はイランに初めて渡りました。そのときの印象は、11年に訪れた新興国ベトナムのバイクの波に垣間見るビジネスの可能性、パワーとは異なり、首都・テヘランはインフラが整い、安心、安全。国民は真面目で謙虚でインテリ、思いやりがあり、親切で、日本人をリスペクトしています。そんな素晴らしい環境と国民性のイランはビジネスチャンスがあふれていました。しかし、目にするのはＣｈａｉｎａとＫｏｒｅａばかり。残念ながらＪａｐａｎの文字を見つけることができませんでした。日本人はイランについて情報不足で、地図を見てもイランとイラクの位置を正確に指し示すことができない人もいます。まだ手つかずのマーケットで、大いにビジネスチャンスがあるのに、他国がブランディングを加速し、ナンバーワンであるべきJａｐａｎの存在が危うい、危機感と焦燥感と落胆と苛立ちを感じました。そんな気持ちをいち早く払拭し、イランの素晴らしさを知って未来を身近にしていただきたく本書を出版することになりました。

弊社、株式会社ジイエフビイエンタープライズは、１９８０年に新宿区にあった第二谷口荘の一室を事務所に創業し、かれこれ38年の年月が経ちますが、未だに発展途上の野暮な会社です。

しかしながら、この長き年月に構築できた、発想の蓄積と多種にわたる業界の経験、そして一流の能力とハートをもったスペシャリスト軍団がとてつもなく大きな財産となり、その最大級の息吹を、昨今萎縮している日本の中小企業に価値の提供、価値の創造、価値のてこ入れの実現に向けて注入し、国内はもとより、海外進出へのコンサルティングとマーケット拡張の支援をしている熱い会社です。

全ては縁。縁を生かすも殺すも己の気づきとそれを生かす努力、全ては自分の責任です。

小人は縁に気づかず、中人は縁を生かせず、大人は袖刷り合う縁も縁とする。

将に、日々縁は隣り合わせにあるのです。少なからず弊社が今日も野暮な会社でありながら、常に新鮮な気持ちで未来を見つめられるのは、あらゆる縁に助けられ、生かされての結果と日々感謝しています。

ここでは弊社について38年間のさまざまなビジネスのなかから掻い摘んで紹介します。

■情報サービス事業

当初はニューヨークからの雑貨の輸入でスタートしました。その後、現地の人脈を生かし、アメリカの3大紙、ニューヨークタイムズ、ウォールストリートジャーナル、ワシントンポスト等の記事より、日本の大手企業のトップにとって必要とされる記事を、元NHK外信部の方をスタッフとして契約し、そのプロの目線からみて抜粋・簡約し、毎朝9時までにFAX回線で送信するサービスをスタートさせました。

これはリクルートの一斉同報通信、FAX回線を利用した最初のビジネスモデルとなりました。

このビジネスのポイントは翻訳コストをいかに抑えるかでした。当初は本人の所属する会社との契約でしたが、そのコストが高く、社長がバケーション休暇のピンポイント日に合わせ渡米し、交渉し個人契約に切り替える事ができ、翻訳コストを半分に抑えることとできました。

■商品開発事業

ノベルティに採用、50万個のヒット商品

商品開発事業では、東急ハンズ、ソニープラザ（現プラザ）等の雑貨店向けに商品開発をしてまいりました。開発商品のなかでもヒットしたのが「ビーコン」という造形物が方向を示すコンパスでした。

直径4センチ、高さ3センチほどの円柱の上に高さ3センチ程の透明のドームがのり、そのなかに160分の1に縮小した自動車のフォルクスワーゲン・ビートルがピンの上に載り針となり方向を示すものでした。

販売を開始した1年目は泣かず飛ばずでしたが、2年目にギフトショーで東急ハンズの外商の目にとまり、それが縁でコンパスの針に載せる車のミニチュアをワーゲンからファミリアに換えることで、マツダ「ファミリア」の200万台突破記念のノベルティとして採用されました。そして、50万個を販売。約3000万円の売り上げとなりました。

しかし、ヒット商品に育てるまでには苦労がありました。

各販売店への輸送段階で、透明のドームに車があたり、破損してしまいました。

そこで完成品から組み立て式のキットに切り換えこのトラブルを乗り越えました。

その後、商品開発を続け、ヒットとなったのが部屋に虹を映し出すルームライト「ラグーナ」という商品でした。

和食のスタイルを変えた食品開発

縁あって障害者支援から生まれた再生プラスチックの啓蒙活動をしました。

これはいまも続いていて、およそ20年にわたって継続しています。

この活動はリサイクルの言葉だけが独り歩きして、現実の素材使用は難しく行き詰まっていた当時、おからを二次利用する技術と出会い、その濃厚な豆乳からスプーンで食べられる花番豆腐を商品化しました。たれは黒蜜と鰹だしの2種類があり、どちらもとてつもなく、美味しい豆腐です。もちろん容器は再生ペレットを使用したもので、自らがメーカーとなりセブン―イレブンを除くローソンをはじめとしたコンビニエンス、テレビ通販等で販売され、微力ながら、リサイクルに携わっている障害者に喜びを与えることができました。

その後、酒販免許を取得。黒米を使用したピンク色のお酒、サケ・ロゼ・リ・ダムールを商品化し百貨店、クラブ等で販売をしました。

ただ残念だったのが、当初は中国マーケットを想定していましたが、契約して帰国後の4日後の東日本大震災で輸出できなくなったことです。

どんな良い商品であっても、販売するタイミングと縁があり、現在のインバウンドマーケットならば成功した商品だと思います。

さらに食品では、芸能界専門のお弁当、いわゆるロケ弁のプロデュースも行っています。製造はアウトソーシングで、各工場でブランド名を変えマーケットの囲い込みを行い、箱根駅伝の日本テレビのスタッフ弁当は約9年続いています。

また、2016年に開発した携帯用の平らなペットボトルにアートデザインを加え、富士山の天然水を充填したミネラルウォーターを商品化。このモバイルウォーターが伊勢志摩サミットで採用され、それがきっかけで成田国際空港のチェックイン後の店舗で販売されるようになっています。

■コンサルタント事業

老舗企業の若き経営者をサポート

弊社のコンサルタント事業で現在も継続しているビジネスの一つは、神棚にお供えする「お榊」の定期便宅配ビジネスです。このビジネスのきっかけは、青山の老舗の花屋の若社長が、花を売りたいと弊社に相談に訪れたことでした。

その相談を受けたとき、私は、

「花屋は街にいくらでもあるけど、御社のスペシャルは何ですか?」

と質問すると、二代目の若社長は、

「立地です。とにかく現状から売り上げを伸ばしたいのです」

という。そこで出てきたのが、神棚に飾るお榊の定期便ビジネスでした。

神棚は弊社にもありますが、毎月1日と15日の2度、榊の入れ替えをします。榊というものはどこにでも売っているものではないので、うっかり忘れてしまうと、手に入らずそのままにするしかありません。とはいえ、縁起ものなのでそのままというのも落ち着かない。そこで提案したのが会員制にして毎月14日と月末に定期便で榊を届けるサービスでした。そもそも企業に花のご用命はと営業したところですぐに出入り業者にはなれません。まずは入手しづらい榊の定期便の話を切り口に総務と関わりを持つようになって、その後、冠婚葬祭等での花の需要時で本業に繋がる——そんなビジネスモデルでした。この会社は榊サービスをきっかけに現在では３０００に上る企業と取引をしているようです。

もやしの製造販売を手がける二代目社長がやってきました。

「もやしを拡販したいのですが、知恵をかしてくれませんか？」

との依頼です。そのころニューヨークでの焼きそば屋を開業したく、久留米市にある20億の売り上げのあるチェーン店に視察にいった直後でした。提案にきたもやしはブラックマッペという細もやしでした。後でわかったことですが、関東と関西では豆の種類が異なり、関東は緑豆で、太いもやしでした。そこで当時、東洋水産とのつき合いがあり、マルちゃんの三食焼きそばがドル箱で２００億円の売り上げである事を知っていました。そこで提案したのが、「焼きそばもやし」の商標を取得しマルちゃんに売り込むことでした。焼きそばの横で、細もやしの「焼きそばもやし」の販売を提案しました。結果、10億円売るから日清にはもって行かないでくれとのことでした。残念なことにそこまでの生産のキャパがなく、小ぶりのスーパーでの販売に終わりました。

居酒屋の庄やグループ大庄の社長からのご依頼は、フランチャイズ展開を試みていた「ふらいす」というフライに秘伝のタレをかけライスで包んだホットドックのライス版の拡販でした。商品自体は美味しくワンハンドで食べられる素晴らしいもので、当時吉祥寺丸井前に1号店をオープンしました。しかし、泣かず飛ばずの状態だったため、そのための相談でした。結果、芸能界でブランディングし、JRグループ、コンビニへの導入をコンサル。これも時期のタイミングと場所の妥協などがよい結果を生まなかった要因でした。

マルコメのみそ汁サーバーの普及をコンサル

今でこそ外食産業では当たり前の安定した味噌汁をロスなく提供できるみそ汁サーバーですが、伊勢志摩サミットの国際メディアセンターに設置することで海外へのPRに繋げました。

■海外コンサルとネットワーク

・山東省1兆円企業の日本法人と顧問契約
・ベトナム・ホーチミンで元自民党高村副総裁をアテンド
・ベトナムよりポリスチレンの輸入をコンサル
・ベトナム技能実習生の送り出し国営企業の日本進出をコンサル
・12年、ベトナム・ホーチミン市における日越友好40周年イベントにクールジャパンとして200人のアーティスト180点の作品をコンサル。
・松江の温泉旅館、なにわ一水のベトナム温泉プロジェクトをコンサル
・イラン市場調査をコンサル
・有楽製菓のブラックサンダーのドバイ、グローバルビレッジ進出をコンサル

最後にこの言葉と事例を贈りたいと思います。

「縁の連鎖」

弊社はモバイルウォーターを成田国際空港で販売しています。

18年にたまたま、ドバイ人がこの商品を購入し、魅力を感じこのモバイルウォーターを輸入したいと考えました。しかしながら、過去の事例から、日本人は行動と結論が遅い。そこで18年春にドバイで20年間続いている国際展示販売会（グローバルビレッジ）の日本パビリオン責任者が、ラマダン時期に日本に帰国する際、弊社に直接コンタクトをとって欲しいと依頼してきました。

その依頼は突然で、成田空港から電話が入り、翌日土曜日に来社してもらいました。その際、本書のカバーデザインをしてもらっている友人で超ホットで超スペシャルなデザイナーの山梨榮利子さんにも声をかけました。山梨さんはドバイ通で、着物生地を使用したアバーヤの「ＥＲＩＫＯ」ブランドを立ち上げていたからです。

当日、まずびっくりしたのが、そのドバイ在住のMANAMIさんも「ＭＡＮＡＭＩ」ブランドを展開していて、お互いブランド名は知っていましたが、面識がなかったのです。

まさか、そんなふたりが日本で会うとは……。

本題のモバイルウォーターの話に入り、サンプルをお渡ししました。MANAMIさんは在日中10月開催のグローバルビレッジに向け日本企業の誘致で営業するとのことでした。そこで「希望する企業商品はないのですか」と尋ねて返ってきたのが、チョコレートのお菓子である有楽製菓のブラックサンダーでした。

偶然、本社のある豊橋に共に20年間障害者自立支援している友人が有楽製菓の会長と親しいことを知っていて、すぐ連絡をとりました。

有楽製菓では若社長就任に伴いできた海外事業部、大手食品メーカーよりヘッドハンティングされた大学の先輩後輩でもある最高な人柄のコンビ、もちろんMANAMIさんの情熱、現地法人サムライイーグルの日本男児KENZO社長の力量すべてが噛み合い、わずか3か月で出店の結論に至りました。

全ては縁の連鎖、連鎖は人との心の絡み。良き結果は良き心。

グローバルビレッジは18年10月31日を皮切りに19年4月初旬まで開催しています。ブラックサンダーははじめての出店にもかかわらず、日に日にリピーターが増え沢山の人に喜びを与えています。

現地スタッフ、
シェイキ

テヘラン事務所の入っている「ゴルディスタワー」ビル

本社
株式会社ジイエフビイエンタープライズ
住所：東京都千代田区平河町１－８－９
電話：０３－３２３０－１７０１
ＨＰ：http://www.gfb.asia

テヘラン事務所
Narvan Consulting
住所：Unit 721, 7th Floor Office, Goldis Tower, Sadeghieh Second Sq.
Tehran 1451796119 IRAN
電話：+98 21 71053777

-cover design-
山梨　榮利子

3D FASHION WALKING BOX

ユニフォーム・コスチューム・アバヤデザインなど、様々なオリジナルアパレルデザインを行っております。また製品のイメージ訴求やプレゼンテーションに向けた、3Dのデジタルファッションショー動画を制作。デザイン画やパターンからアバターを作成し、オリジナルのファッションショー動画を制作いたします。

WALK THROUGH VIDEO

人が歩いた時の目線をシミュレーションできる、新しいVMDプレゼンテーションツール。

新規SHOPの全体感を確認したり、客観的に店頭を分析・シミュレーションできます。

3D FASHION WALKING BOXと組みわせて、オリジナルブランドのプレゼンテーションのためのツールとしても最適。

MANUAL by digital contents

iPadを使った電子コンテンツマニュアル制作・カタログ制作。これまで、多くの文面で成り立っていたマニュアルや説明書などが、短い動画ツールを盛り込むことで、瞬時に、誰にでも、同じ情報を伝えることができます。企業への iPad の普及率が増加しているいま、マニュアルの普及や差し替えなども簡単に行えます。

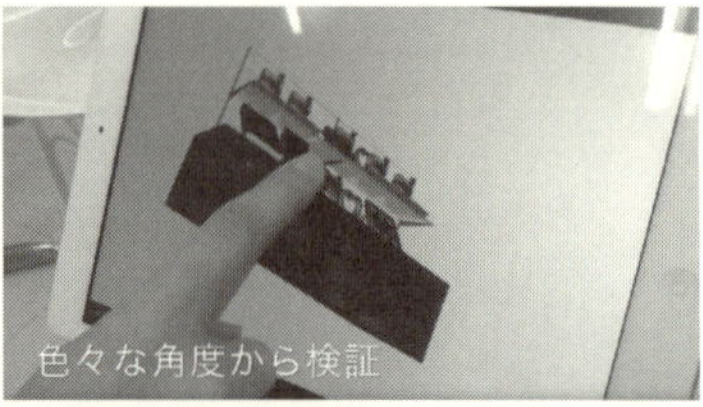

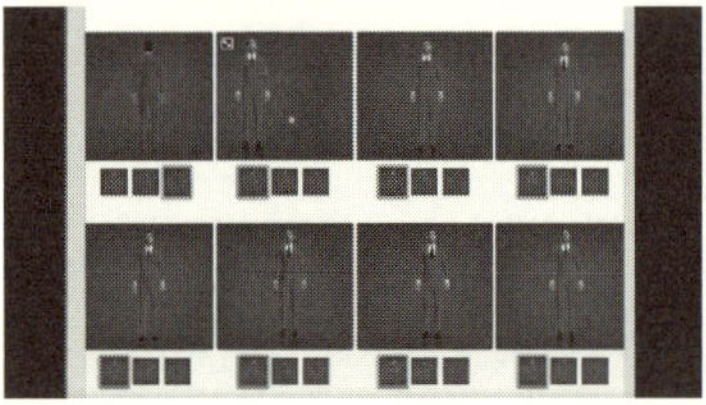

VIDEO PRODUCTION

会社案内、プロモーション、店頭ツール等、各種動画制作を行っております。

ヒアリングからアウトプットまで、お客様により添い、最適なツールをご提案いたします。

ディレクションや撮影、編集など、トータルでお受けいたします。

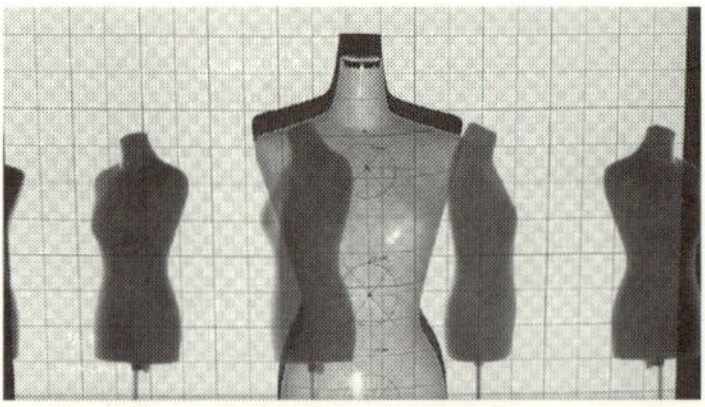

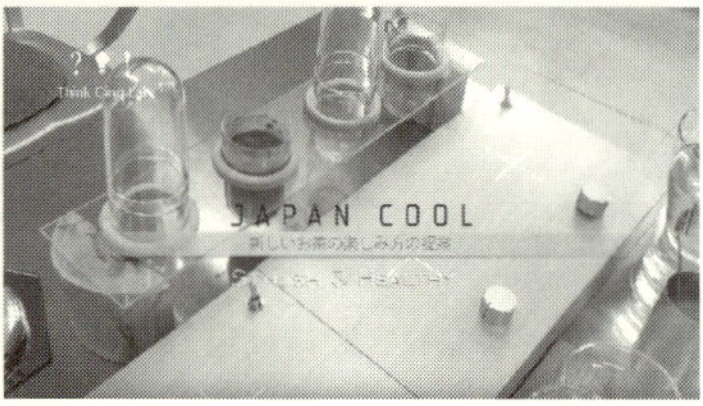

BRANDING/DIRECTION

ブランドイメージやウィンドウディスプレイのプランニングから実際の装飾まで対応いたします。展示会では、その後の店頭展開まで考えられたプランニング制作など、トータルのご提案でお客様をサポートいたします。

ILLUSTRATION

イラストデザインから、イベント展示企画、各種装丁など、幅広く対応いたします。

イラストを使った動画編集、3D との融合など、ご要望に合わせて様々なご提案をさせていただきます。

QR コードは予告なく変更することがあります。

著者プロフィール
高木　謙次
1958年　宮崎県青島町生まれ
明治大学二部法学部中退
2年間諸外国放浪遊学
30年間アジア各国の酒類食品開発輸出入卸に従事
現在は、株式会社ジイエフビイエンタープライズのイラン担当。

バザラス
イランビジネスの薫風に乗った男

2019年4月5日〔初版第１刷発行〕

著　者　高木　謙次
発行人　佐々木　紀行
発行所　株式会社カナリアコミュニケーションズ
〒141-0031　東京都品川区西五反田6-2-7
ウエストサイド五反田ビル3F
TEL　03-5436-9701　FAX　03-3491-9699
http://www.canaria-book.com

印刷所　株式会社クリード
編集協力　叶舎合同会社
装　丁　有限会社アクトレス視覚提案仕掛人集団
ＤＴＰ　新藤昇
校　正　酒井正樹

ISBN 978-4-7782-0447-1　C0034

資料

Q&Aでわかる
イランでの会社の作り方
「実践ガイド」

Q＝髙木　　A＝ニマ

通貨レート：10,000リアル＝26.38円（2019年2月14日時点）

【イランで会社設立するには？】

Q：イランで会社を設立したいが、外国人が会社を設立する場合の方法を教えて下さい。

A：会社の設立手続きについてご説明致します。

企業法制を理解することは、会社の設立の第一歩です。会社を設立する際、発起人を決定の上、発起人の目的や責任度合に合わせて会社のタイプが定められています。

会社のタイプには以下のようなものがあります。

・Public Limited Company with public offering

発起人は最低５人、取締役会にも５人が所属する必要があります。取締役の責任度合は、所有する株の数によって決まります。最低500万リアルの資本金が必要です。

・Private Company

発起人は最低３人、取締役会にも３人が所属する必要があります。取締役の責任度合は、所有する株の数によって決まります。最低100万リアルの資本金が必要です。

・Private Limited Company

発起人は最低２人、取締役会に１人が所属する必要があります。取締役の責任度合は、貢献している資本額によって決まります。最低資本金に、制限はありません。

・**General Partnership Company**

発起人は最低２人、取締役会に１人が所属する必要があります。取締役は全員、全てに責任を負います。最低資本金に、制限はありません。

・**Proportional Liability Partnership Company**

発起人は最低２人、取締役会に１人が所属する必要があります。取締役の責任度合は貢献している資本額によって決まります。最低資本金に、制限はありません。

・**Joint Stock Partnership Company**

発起人は最低２人と、取締役会に１人が所属する必要があります。取締役には「保証人」と「株主」の２種類があります。保証人の責任には制限はありませんが、株主の責任度合は所有する株の数によって決まります。最低資本金に制限はありません。

・**Limited Partnership（see also : Special Partnership) Company**

発起人は最低２人、取締役会に１人が所属する必要があります。取締役には「保証人」と「投資家」の２種類があります。保証人の責任には制限はありませんが、投資家の責任度合は貢献している資本額によって決まります。最低資本金に、制限はありません。

・**Cooperative Company**

発起人は最低７人、取締役会に３～７人が所属する必要が

あります。最低資本金に、制限はありません。
Cooperative Companyには「株式」と「株式以外」の2タイプあります。

各タイプの定義

株式：取締役の責任度合は、所有する株の数によって決まります。
株式以外：取締役の責任度合を交渉の上、合意できます。

Q：へえ、そんなに多くの会社法人があるのですね。
日本の中小企業がイランに進出する場合はどのタイプがお勧めですか？
A：基本的に中小企業で特に商業を目的としている場合は以下のタイプが適しています。

1.Private Company　別名で　"Private Joint Stock Company"
2.Private Limited Company　別名で　"Limited Liability Company"
3.General Partnership Company
4.Proportional Liability Partnership Company

そのなかでも最も一般的なタイプは"Private Joint Stock Company"と、"Limited Liability Company"です。

Q：各会社の特徴と利点・欠点、またどのような事業が適して

いるか教えてください。

A：一般的なタイプである"Private Joint Stock Company"と、"Limited Liability Company"の特徴やメリットなどを説明します。

1.Private Joint Stock Company

設立条件：

発起人は最低３人と、取締役会にも３人が所属する必要があります。

資本金には、最低100万リアルが必要です。

万一、100万リアルより低くなった場合は1年以内に100万になるように資本金を増やさなくてはなりません。増やせない場合は、会社のタイプを"Limited Liability Company"または,"General Partnership Company"に変える必要があります。

全ての資本金を発起人のみ負担する必要があります。

会社名の頭または後ろに"Private"の文字をつける必要があります。

発起人と取締役は、全員"clean criminal records certificate"を提出する必要があります。外国人の場合は、不要です。

特徴：

活動フィールドに制限はありません。基本的にどんな活動でも可能ですが、商業が一般的です。

利点：

少ない資本金でも会社を設立できます。

株の移動が簡易的です。

発起人や取締役の責任度合いは、所有する株の割合に制限されます。

弱点：
利益と損失や、税金を精算するルールが比較的複雑です。
資本金の35%をキャッシュで会社の口座にキープする必要があります

2.Limited Liability Company

設立条件：

発起人は最低２人と取締役会に１人が所属する必要があります。

最低資本金には制限がありませんが、100万リアルが一般的です。

会社名に"Limited Liability"の文字をつける必要があります。

会社名に発起人と取締役の名前を使うことができません。

発起人と取締役は、全員"clean criminal records certificate"を提出する必要があります。外国人の場合は、不要です。

特徴：
活動フィールドに制限ありません。
基本的に政府がやっている入札以外のフィールドで活動可能です。
商業の中でもトイレタリーや飲食物の販売、輸出、輸入の商

売が適しています。

利点：
少ない人数や資本金で、会社を設立できます。
資本金を株の形にする必要はありません。
発起人や取締役の責任は、投資している割合に応じて制限されます。

弱点：
発起人や取締役の責任は、投資している割合に応じて制限されるので、少ない資本金の場合は発起人や取締役は全ての損失を負担する必要がありません。
資本金を他の人に移動する手続きが複雑です。

Q：会社設立の書類申請の方法について教えて下さい。
A：会社のタイプによって、登録する為の必要書類が異なります。

サイトでのアップロードが必要です。
State Organization for Registration of Deeds and Properties が提供している"Company Registration General Office"サイト "http://irsherkat.ssaa.ir" に必要情報を提供した後、必要書類をアップロードします。サイトでのアップロードが完了したらアップロード完了証明書が送られてきます。

該当書類を郵送し、State Organization for Registration of Deeds and Properties に登録依頼をします。

その後、イラン・イスラム共和国の官報に会社の登録完了の広告を出します。

Q：登録申請して承認されるまでの期間はどのくらいですか？
A：30日から45日間ほどと言われています。

Q：日本人だけでの会社設立は可能ですか？
A：外国の全ての個人や法人はイランの法律に従って、会社を設立することができ、株の100%を所有することができます。
場合によって、任意の比率でイラン国民とパートナーシップを結び、企業を登録することもできます。

外国の法人は、イランで会社を設立する場合は関連する国のイラン大使館によって、認証された外国企業登録証明書を提出する必要があります。

また、イランの新会社の定款と協会覚書などの文書を下す人を紹介する必要があります。

その方を紹介する文章は以下のようなものがあります。

======================

Islamic Republic of Iran Registration Administration

Hereby, Mr/ Ms ... is introduced as the representative of this company to register company and undersign Articles of Association and other company registration documents and attending new company board of directors meetings in Iran.

======================

注意：

1.上記のような紹介書は関連会社のロゴ付きの正式な紙に書き、関連する国のイラン大使館によって会社登録証明書とともに認証されなければなりません。

2.紹介する方が個人で外国人である場合は、その方のパスポートが関連する国のイラン大使館によって、認証されなければなりません。認証されたパスポートのコピーを提出する必要があります。

"Private Joint Stock Company"の場合は、取締役の年次総会および株主のための取締役会の業績報告書の作成を含むインスペクターとして、2名が任命される必要があります。

注意：

1.インスペクターは株主によって決定され、非イラン人である場合には、パスポートはイラン大使館によって認証されるものとされます。

2.取締役およびインスペクター役のいずれかがイラン人である場合は、過去犯罪歴がないことを証明するため無犯罪記録（clean criminal records certificate）の提出が義務付けられています。

3.外国人の場合は"clean criminal records certificate"の提出は不要です。

4.発起人は外国企業の場合は、企業の特定の部門を使用することができます。

Q：他に日本の会社が知るべき情報はありますか？
A：支店や代理店の詳細を説明いたします。

外国企業にて､他の国で事業展開を実施する場合は「支店」や「代理店」の開設方法を確認できる情報が欠かせないかと思います。

下記で説明していますが、支店は外国企業（本社）の一部でありますが、代理店の場合は「個人」や「法人」の２種類にて事業展開が可能です。

代理店を法人にて管理させる場合、外国企業はイランで新規会社を設立しなければならないが、新規会社を設立せずイラン企業にて、管理させることも可能です。

イランで外国企業が事業展開を実施する手順は以下の通りとなります。

手順１
外国企業（本社）にて､事業展開方法を決める（支店か代理店）

手順２
「支店」または「代理店」開設

２－１・支店の場合

２－１－１・外国企業（本社）が支店の業務を行う
外国企業（本社）が新会社（支店機能）を設立する

または、

２－１－２・イラン企業（法人）に支店の業務を任せる
外国企業（本社）は新会社の設立が不要
または、
２－１－３・イラン人（個人）に支店の業務管理を任せる
外国企業（本社）は新会社の設立が不要

２－２・代理店の場合

２－２－１・イラン企業（法人）に代理店の業務管理を任せる
外国企業（本社）は新会社の設立が不要
または、
２－２－２・イラン人（個人）に代理店の業務管理を任せる
外国企業（本社）は新会社の設立が不要

備考：

ほとんどの外国企業は、支店や代理店どちらでも、イラン企業(法人)に業務管理を任せるのが望ましいと考えています。

イランで支店や代理店を開設する場合には以下の条件や制約があります。

イランで支店や代理店の開設が許されるためには相互作用が条件となる。

イラン人、またはイラン企業にて、日本での支店や代理店開設が可能ならば、日本人、または日本企業もイランで支店や代理店を開設できます。

イランの法律によって、外国企業の支店や代理店の活動は、以下のものに限定されている。
1.本社が提供しているサービスや商品のアフターサービスを展開する
2.イラン人やイラン企業と外国企業との間で締結される契約の作業を行う
3.外国企業がイランで投資するための現地調査、または投資できるベースを作る
4.イランの技術やエンジニアリング企業と協業して、第三国で活動する
5.イランの非石油輸出拡大
6.テクニカルサービスとエンジニアリングサービスの提供やノウハウと技術の移転
7.他のフィールドで活動する場合は、該当する管轄官庁にて、ライセンスを取得する必要がある

以下にて、支店と代理店開設の詳細を説明いたします。

1.支店

１－１・ブランチの定義

　イランの法律によって、支店は本社の一部であり、本社が販売している商品やサービスを本社の所在地から離れたところで展開できる。

　支店の権限や独立性の範囲は本社の同意により決定され、ブランチの法的責任は本社が負担するものとする。

１－２・外国企業（本社）は支店開設依頼書とともに以下の書類を管轄官庁「Company Registration General Office」のサイト「 http://irsherkat.ssaa.ir」にて提出する。
該当書類
1.本社の定款
2.本社の外国企業登録証明書
3.本社の最新変更事項
4.本社の最新承認財務報告書
5.支店長がイランに支店を登録するための本社による委任状

委任状に支店長の権限の範囲を記載します。委任状のサンプルとして以下のようなものがあります。

==============================

Mr/ Ms .... is hereby granted with the power of attorney to register a branch of the company in Islamic Republic of Iran. Meanwhile, (s)he is authorized to undersign all the documents and books to register the branch, conclude contract in the name of main company, conduct the company products and services guaranty and warranty with respect to the main company bylaws and approvals, ...

==============================

注意：
１、２、３、４、５の書類をイラン大使館にて認証してもらう必要があります。
※上記書類を正式にペルシャ語に翻訳し提出する必要があります。(イラン大使館に相談)

※支店管理者が外国人、または外国企業の場合は「Company Registration General Office」のサイト「http://irsherkat.ssaa.ir」に上記書類以外、外国人IDナンバーもアップロードする必要があります。

外国人IDナンバーは税金を計算するためのものです。外国人IDナンバーを以下のサイトから申請し、取得することができます。

http://e4.tax.gov.ir/Pages/action/show/13

上記サイトで必要情報を登録した後、ID番号が発行されます。ID番号が発行される間、「ID番号のオンライン受信依頼証明書」を取得することができます。

外国人IDナンバーは、「個人」と「法人」の２種類があります。

支店の管理が外国人によるものか、または外国企業によるものかによって、種類が決まります。

支店の管理者は「Company Registration General Office」のサイトに自分のID番号、またはID番号をまだ取得していない場合は「ID番号のオンライン受信依頼証明書」のコピーをアップロードする。

１－３・支店長名にて、以下の内容が含まれた報告書を提出する。

1.本社の活動内容
2.イランで支店を開設する必要性
3.支店の権限や独立性の範囲、および住所
4.支店で働くイラン人と外国人スタッフの推計

5.支店の業務に必要とされる資金（リヤルや外国通貨）の供給元

１－４・管轄当局によって、支店の活動ライセンスが停止された場合「Company Registration General Office」にて定められた期間内に支店を解散するとコミットメントレターを提示する。

１－５・支店長が外国人の場合はパスポートのコピーとペルシャ語の翻訳物を提出する。コピーと翻訳物がイラン大使館にて認証される必要がある。

１－６・支店長がイラン人の場合は無犯罪記録を証明することが義務付けられており"clean criminal records certificate"を提出するものとする。基本的には犯罪者でないことを証明しなければならない。

１－７・支店の管理がイラン企業にて行われる場合は、その会社の情報が確認できる書類を提出する必要がある。

補足：

本社によって紹介される支店長は、本社の人員の1人とみなされ、本社の裁量を代務することができます。
また、支店長や管理者はイランに居住する必要があります。

2.代理店

２－１・代理店の定義

代理店は外国企業との代理店契約内容によって、その企業の業務内容の一部を行うことができる。

代理店は個人、または法人のどちらでも可能。代理店は、行っている業務に責任を持たなければならない。

２－２・外国企業（本社）は代理店開設依頼書とともに以下の書類を管轄官庁「Company Registration General Office」のサイト「 http://irsherkat.ssaa.ir」にて提出する。

該当書類

１.本社の定款

２.本社の外国企業登録証明書

３.本社の最新変更事項

４.本社の最新承認財務報告書

５.代理店契約書

注意：

１、２、３、４、５の書類がイラン大使館にて認証される必要があります。

上記書類を正式にペルシャ語に翻訳し提出する必要があります。（イラン大使館に相談）

代理店管理者が外国人、または外国企業の場合は「Company Registration General Office」のサイト「 http://irsherkat.ssaa.ir」に上記書類以外、外国人IDナンバーもアップロードする必要があります。

外国人IDナンバーは税金を計算するためのものです。外

国人IDナンバーを以下のサイトから申請し、取得することができます。
http://e4.tax.gov.ir/Pages/action/show/13
上記サイトで必要情報を登録した後、ID番号が発行されます。
ID番号が発行される間、「ID番号のオンライン受信依頼証明書」を取得することができます。

外国人IDナンバーは「個人」と「法人」の２種類があります。
代理店の管理が外国人によるものか、または外国企業によるものかによって、種類が決まります。
代理店の管理者は「Company Registration General Office」のサイトに自分のID番号、またはID番号をまだ取得していない場合は「ID番号のオンライン受信依頼証明書」のコピーをアップロードする。

２－３・代理店管理者にて、以下の内容が含まれた報告書を提出する。

1.本社の活動内容
2.イランで代理店を開設する必要性
3.代理店の権限や独立性の範囲、および住所
4.代理店で働くイラン人と外国人スタッフの推計
5.代理店の業務に必要とされる資金（リヤルや外国通貨）の供給元

２－４・管轄当局によって、代理店の活動ライセンスが停止された場合「Company Registration General Office」にて

定められた期間内に代理店を解散するとコミットメントレターを提示する。

２－５・代理店管理者が外国人の場合はパスポートのコピーとペルシア語の翻訳物を提出する。コピーと翻訳物がイラン大使館にて認証される必要がある。

２－６・代理店管理者がイラン人の場合は、過去犯罪歴がないことを証明するため無犯罪記録（clean criminal records certificate）の提出が義務付けられています。

２－７・代理店の管理がイラン企業にて行われる場合は、その会社の情報が確認できる書類を提出する必要がある。

２－８・代理店活動報告書を提出しなければならない。

補足：
代理店管理者は、イランに駐在する必要があります。

以上です。

リソースは管轄官庁「Company Registration General Office」と Fekr-e Bartar のサイトとなります。

Q：イランの法人税制はどうなっていますか？
A：税金について説明します。

イランで税金は以下の２種類があります。

１.直接税
２.間接税

それぞれの定義と種類は、下記の通りです。

１.直接税
　このタイプの税金は名前の通り、直接人々の資産や収入などから取られる税金です。
直接税の種類には以下のものがあります。
　１－１・所得税
　　１－１－１・固定資産税（家賃からのみ）
　　１－１－２・農業所得税
　　１－１－３・個人所得税
　　１－１－４・法人所得税
　　１－１－５・自営業所得税
　　１－１－６・贈与税

　１－２・資産税
　　１－２－１・相続税
　　１－２－２・スタンプ権利税

２.間接税
　このタイプの税金は名前の通り、間接的に消費者から取られる税金です。

間接税の種類は以下のものがあります。

２－１・輸入税

２－２・取引税

Q：具体的な税率（法人・個人）について教えて下さい。
また、社会保険など法定福利厚生制度についてもお願いします。

A：一般的で代表的な税率や法定福利厚生制度について日本貿易振興機構（ジェトロ）のウェッブサイトでは以下の通りとなっております。

1.法人対象：2002年3月21日のイラン新年度に改定済
法人所得税税率：25%
地方税率：3%

2.個人対象
個人所得税：最高税率35％（0％、10％、15％、25％、35%の累進課税）
社会保険料：所得の30％（うち、雇用主負担23%、雇用者負担7%）

3.付加価値税：9%（2008年9月導入、2015年3月20日からの税率）

4.FTZ域内税
1.自動車ナンバープレート取得税（車種別）
2.自動車年間税（車種別）
3.交通税（車種別）
4.出域税（回数ごと）
5.ビジネス税（平方メートルあたり）

6.旅客荷物税
7.タバコ生産税

社会保険制度

雇用主は、「社会保険法：Social Insurance Regulation」に基づいて被雇用者に社会保険を付保し、社会保険機関（SIO）に保険料を支払う義務がある。

この社会保険は、退職・病気・産業事故、結婚、妊娠、出産時における給付を対象としており、臨時雇用や短期雇用に関しても納税義務がある。

保険料は、家族手当・出張旅費・賞与を除く基本給与の30％を納付額とし、うち被雇用者が7％、雇用主が23％を負担する。また同保険料は、各月末後、20日以内に社会労働保険機関に所定書式に基づいて支払わなければならない。

イラン進出外国企業の所得税に関する留意点

1.個人所得税

イランで就労する外国人については、実際の給与所得額とは無関係に、企業規模（駐在員数）、国籍、主管者・管理職・技術者といった職責に応じ、一律のみなし所得税徴収が行われる。

日本人の所得税水準は、EU主要国同様の水準に設定されている。

例：日本企業に適用される月額給与額
Managing Director：7,000ドル
Asst. Managing Director/Principal Rep., Adm. Managerなど：6,000米ドル

Dept. Manager、上級技術者：5,000米ドル
スタッフ、技術者：4,000米ドル
2.法人所得税

商取引を伴わないマーケティング、情報収集、本社直接契約の遂行を目的とし、かつ経費を本社が負担して運営する支店・駐在員・連絡事務所は、課税対象とはならない。

ただし多数の邦人駐在員を擁する事務所は、売上げの一部が利益とみなされ、一定率の税が徴収される。

外資に対する国税庁の税務監査は厳格であることに留意が必要。

根拠法としては、"The Direct Taxation Act As Amended on July 22, 2015"「2015年7月22日改訂版 直接税法」を参照されたい。各種税制や免税措置等が記載されている

Q：日本人社員だけで会社の運営は出来ますか？

A：はい。外国企業による現地労働者の雇用は法的規定はありませんが、慣例として、例えば、駐在員1人に対して現地人3名を雇用することが必要となっています。

Q：イラン人を雇う場合の給与について教えて下さい。

A：給与について説明します。

イランの民法で1か月が30日間であると定められています。ですので、労働者の賃金は30日間をベースに計算されます。

賃金の値は毎年労働高等評議会にて定められます。

・賃金の計算方法
　1ヶ月が31日の場合：(賃金/30) ×31
　1ヶ月が30日の場合：(賃金/30) ×30
　1ヶ月が29日の場合：(賃金/30) ×29

備考：
　イランの労働法では、1日の働く時間は7時間20分と定められています。
　会社によって、1週間で働く日数は5日間、5日間半と6日間に分かれています。
　週の始まりは土曜日で、終わりは金曜日です。金曜日は休日です。
　会社によって、木曜日はお昼まで仕事する、または休日にするパターンもあります。

以下、日本貿易振興機構（ジェトロ）のウェブサイトから最低賃金について説明します。

　労働最高評議会からの発表「Wage Increment for 1397 (2019)」によると、イラン暦1397年（西暦2018年3月21日～2019年3月20日）における新規雇用者の最低保証賃金（日給）は、37万1380リアルである。

　継続雇用者については賃金を10.4％増加させ、さらに日給2万8,208リアルを加算させる必要がある。前年の最終日以前に1年間雇用されている労働者には、さらに日給1万7,000リアルを加算して支給する必要がある。

このほか、食事手当として月額110万リアル、住宅手当として月額40万リアル、子供手当として月額子供1人当たり111万4,140リアル（最低賃金日分、最大2人分で222万8,280リアル）を支給する必要がある。

みなし月額給与所得額 については、日系企業の場合

Managing Director：7,000ドル
Asst. Managing Director/Principal Rep.：6,000ドル
Dept. Manager, 上級技術者：5,000ドル
スタッフ、技術者：4,000ドル となる。

Q：FTZ（フリーゾーン）とSEZ（経済特別区）について教えて下さい。

A：フリーゾーンについては、イランに7カ所のフリーゾーンと24カ所の特別経済エリアがあります。

フリーゾーンは以下の通りです。

1.Gheshm (Hormozgan Province, gheshm city)
2.Kish (Hormozgan Province, Bandarlenge city)
3.Aras (East Azerbaijan Province, Jolfa city)
4.Maku (East Azerbaijan Province, Maku&Chaldran city)
5.Arvand (Khuzestan Province, Abadan city)
6.Chabahar (Sistan and Baluchestan Province)
7.Anzali (Gilan Province, Anzali city)

フリーゾーンの特徴

比較的に会社を簡単に登録できます。
比較的に簡単に輸出入できます。

投資額や利益を自由に海外に送金できます。

タックスフリーまたはフリーゾーンにもよりますが、5～15年間タックスフリーです

関税フリー、機械や製品作成に必要な材料の輸入関税がかかりません。

労働法が比較的に優しい

特にKishで生産した製品をイランのフリーゾーン外に輸出可能

小売が可能

フリーゾーンにはほとんど国際空港があるので、現地でのビザ発行が可能です。比較的にフリーゾーン外よりも発行しやすいです。

関税フリーなので、工業（工場など）や商業関係会社、イラン国内外への輸出入を行っている会社は主にフリーゾーンで会社を登録します。

特別経済エリアの特徴はフリーゾーンとほぼ同じですが、大きな違いは以下の通りです。

特別経済エリアのビザはフリーゾーン外のルールに従う

イラン人と外国人はフリーゾーンで小売ができますが、特別経済エリアでは外国人のみ小売できます。

特別経済エリアはタックスフリーではありません。